名师成长书系

新岗班主任
工作实践与研究

XINGANG BANZHUREN
GONGZUO SHIJIAN YU YANJIU

刘世琦 王成洋 郎丰颖 ◎ 主编

中国言实出版社

图书在版编目(CIP)数据

新岗班主任工作实践与研究 / 刘世琦 , 王成洋 , 郎
丰颖主编. — 北京：中国言实出版社, 2022.11
ISBN 978-7-5171-4310-9

Ⅰ. ①新… Ⅱ. ①刘… ②王… ③郎… Ⅲ. ①班主任
工作—研究 Ⅳ. ①G451.6

中国版本图书馆 CIP 数据核字（2022）第 167650 号

新岗班主任工作实践与研究

责任编辑：史会美
责任校对：王建玲

出版发行：中国言实出版社
　　地　　址：北京市朝阳区北苑路180号加利大厦5号楼105室
　　邮　　编：100101
　　编辑部：北京市海淀区花园路6号院B座6层
　　邮　　编：100088
　　电　　话：010-64924853（总编室）　010-64924716（发行部）
　　网　　址：www.zgyscbs.cn　电子邮箱：zgyscbs@263.net

经　　销：新华书店
印　　刷：北京虎彩文化传播有限公司
版　　次：2022年11月第1版　2022年11月第1次印刷
规　　格：710毫米×1000毫米　1/16　9.5印张
字　　数：134千字

定　　价：48.00元
书　　号：ISBN 978-7-5171-4310-9

编委会名单

班主任是落实立德树人根本任务的主力军，深圳市南山区牢牢抓住人力资源这一"牛鼻子"，系统构建班主任队伍专业成长梯级培养体系和职业生涯规划，努力锻造一支师德品质好、专业素养高、研究能力强、人员结构佳的专业化班主任队伍，自 2019 年以来，陆续出台《南山区"了解学生，走进学生的心里"班主任工作清单》及《南山区领衔班主任工作指导意见》，建立南山班主任的工作规程，完善班主任教研组织，为班主任发展持续赋能。

近年来，南山区班主任队伍持续扩大，一大批学历高，素质好的优秀毕业生加入班主任队伍，但他们在班主任工作方面，还需要细致指导与有效支持。主编与编委人员力图从班主任工作的生动情境入手，结合《南山区"了解学生，走进学生的心里"班主任工作清单》的要求，将全书分为六个章节，每个章节围绕新岗班主任的常见问题，为班主任提供具体指导与案例支持，助力新岗班主任形成科学思维，掌握有效方法，尽快走上专业发展的快车道。

感谢在本书编纂过程中付出智慧与汗水的编委同志以及台前幕后关心帮助班主任成长的众多专家、领导、名师及广大一线班主任们，特别是南山区各级名班主任工作室主持人，不仅亲身示范参与写作，提供经典案例及有效方法，更能指导带动广大班主任在日常工作中探索实践，为本书的编纂做出极大贡献。希望我们一同继续努力，为班主任专业发展不断贡献智慧与力量。

目 录
CONTENTS

班 级 建 设

班干部怎么培养？ .... 曾澄福 / 2

第一学期班会怎么设计？ .... 吴孟霞 / 6

班级归属感怎么养成？ .... 谢念晓 / 10

多元化评价怎么落地？ .... 赵芬樱 / 14

如何开展班级特色活动？ .... 黄　灿 / 20

家 校 合 作

学校信息怎么高效传递？ .... 刘伟伟 / 26

第一次家长会怎么开？ .... 王　琳 / 32

家委会怎么组建？ .... 王文娜 / 37

家访怎样有效进行？ .... 孙克珮 / 44

家长诉求怎么回应？ .... 沈冬妹 / 52

生 生 互 动

班级事务中怎样进行生生协同？ .... 张自明 / 60

活动参与中怎样推进生生合作？ .... 杨　秘 / 64

日常交往中，生生接纳怎么做？ .... 肖　娟 / 68

学习小组中怎样实现生生互动？ .... 袁亚玲 / 72

师 生 关 系

班主任怎样实现角色认同？ .... 钱明钰 / 78

如何与学生沟通？ .... 郎丰颖 / 82

学生成长档案怎样建立？ .... 李　芳 / 86

中途接班如何开展工作？ .... 程　红 / 92

家 校 指 导

如何指导家长进行亲子沟通？ .... 谢念晓　曾澄福 / 104

如何指导家长评价孩子？ .... 王弋安 / 110

如何指导家长进行育儿学习？ .... 申文兵 / 116

如何指导家长进行成长决策？ .... 张自明 / 120

专 业 成 长

如何提升成果转化力？ .... 徐丽微 / 126

如何提升沟通协作力？ .... 王怀玉 / 131

如何提升资源整合力？ .... 赵　霞 / 135

如何提升班主任专业学习力？ .... 王　琳 / 138

班 级 建 设

　　班级是学生成长的沃土，有温度的班级能够帮助学生正向发展。班级建设是一项系统工程，而班主任就是工程师，用智慧搭建有爱的平台，让每个生命都沐浴阳光般的温暖，让班级成为孩子心中的避风港和大舞台。

班干部怎么培养？

南山外国语学校（集团）高级中学　曾澄福

一、问题情境

班干部是指协助班主任进行班级管理的有一定职务和职责的学生。他们既是班级的管理者、引领者，也是老师和同学沟通的桥梁。

"刚毕业就担任班主任，很想做好，但担心班级混乱，学生出问题，每天事必躬亲，面面俱到，值日我盯着，午餐牛奶点心发放我看着，自习晚修空课我守着，眼操、课间操我跟着，感觉一刻都不能离开。""有个三天外出学习的机会，但又放心不下孩子们，担心我不在学校的日子班级乱成一团糟。"

"中途接手一个新的班级，班干部好像形同虚设，班级乱成一团也没人管，原有的班干部不知道怎么管，学生也不服从班干部管理。不管是小事、大事，都找我这个班主任，真累。"

二、问题聚焦

（1）设置哪些班干部岗位，班干部的岗位职责怎么制定？

（2）如何选拔班干部，班干部如何培训？

（3）怎么监督和评价班干部？

（4）选出的班干部不自信或者学生对班干部不信服怎么办？

（5）班干部不作为怎么办？班干部和同学闹矛盾冲突怎么办？

三、为你支招

在选拔班干部之前，班主任要根据学校情况和自身特点，明确自己对未来班级的期待：想要将班级打造成什么样的风格？这样的班级需要什么样的班干部？相应地，班干部各项能力怎么培养？

1. 严格选拔，仪式聘任

选拔班干部要注重以下几个方面：一重品德，为人诚实、关心集体、乐于奉献等。二重表率，能自觉遵守纪律、以身作则、积极参加各项班级活动等。三重能力，尤其是组织能力和协调能力。

接班初期，由于相互之间的熟悉程度不够，班主任可以指定临时班干部过渡，其间要认真观察这些班干部的表现，过渡期结束再根据他们的表现决定是否正式任命。接班一个学期之后，由于学生相互之间都比较了解，可以组织班干部竞聘，普选班干部。不管是任命还是普选，都应在班会上举行聘任仪式。

2. 定期轮岗，全员参与

坚持以全员育人为主，把班干部的培养作为全员育人的一大抓手。根据不同学年段大小循环特点，以一个月或者一个学期为周期，对班干部进行定期轮岗，调动更多的学生参与班级管理的积极性，从而促进班干部全面发展，提升班级全体学生的管理能力。轮岗可以是班干部岗位间的轮换，如学习委员与生活委员轮换，还可以是班干部和非班干部之间进行轮换。轮岗也可以成为调整该岗位不作为、不自信或者学生不信服的班干部的契机。

3. 规范培训，形式多样

选拔班干部后，班主任通过召开班干部会议，将基础性的、具体的管理方法和建议告诉他们，明确责任、义务和权利，帮助班干部制订好工作计划和目标。每学期分期、分批有主题地进行班干部培训，以提升他们的工作能力。培训可以采用讲座、讨论、经验介绍等多种形式，也可以通过情景再现或现身说法的方式，让大家互相学习，取长补短。

4. 智慧放权，激发成长

班主任要学会智慧放权，以信任赢得学生的责任担当。把班级管理中的难事向班干部求助，激发他们通过自身的智慧来解决问题，让他们在探索和实践中成长。放权时要注意考虑不同学段学生的能力水平等因素，采取合适的方式，一步一步进行。

5. 引导站位，做好后盾

引导班干部在处理问题的时候既要站在班级的角度看，更要站在同学的角度来看，从帮助同学的角度出发，采用有利于同学成长的方式进行沟通和协商，不能使用号令式的语气或者进行人身攻击。

当班干部在管理过程中出现意外事情时，班主任要及时帮助处理，做好他们的后盾。对好的管理方式及时肯定并推广，对不当行为及时提醒并给出正确的引领。

6. 述职评价，监管量化

用制度的形式规定班干部在一定时间和范围内述职，述职的对象可以是全体师生，也可以是学生代表，述职的时间段可以是每周、每月或者每个学期。述职的内容为工作计划宣讲和工作总结汇报两种。对工作计划的宣讲一般在就职初期和学期初期，目的是明确班干部工作职责，了解同学对班干部工作的诉求，工作汇报则是让同学们了解班干部的工作成效。述职后师生可以当场提问、互动，也可以采取无记名投票等方式对班干部进行评价，强化对班干部工作的监督。

四、暖心资源包

多元智能理论由美国哈佛大学心理学教授霍华德·加德纳在 1983 年提出，他指出人的智能由 8 种相对独立的智能组成，这些智能因人而异，但在解决具体问题时候，通过使用其中多个智能组合来完成，这 8 种智能分别是：音乐智能、身体—动觉智能、逻辑—数学智能、语言智能、空间智能、人际智能、自我认知智能以及自然观察智能。多元智能的重要性在于指出每个人都是多种能力组合的个体，也正是由于这些能力的不同，从而创造出人类能力的多样性。不同班干部岗位对智能的要求不一样。

五、延伸点评

本文围绕如何培养班干部支招，通过"问题聚焦"阐述了新岗班主任培养班干部的重要性，从选拔、轮岗、培训、支持、述职、评价等角度给出具体建议，具有可复制性和可操作性，辅以"暖心资源包"介绍班干部岗位职责、班干部履职需要的多元智能基础理论以及系统的班干部管理学问，既有实践指导，也有理论支撑，很有参考价值。

本文针对新岗班主任，对于起始班级、中高年段、中途接班都适用，班主任在使用时要根据本班所属学段和学生组成的实际情况，有针对性地确定班干部的培养内容和方式。例如起始年级重点在考察选拔培训支持，中高年段重点在普选轮岗评价监督，再根据不同班级不同学生的能力情况把各种培养措施适当地穿插结合。

本文适用于新岗班主任对班干部的初步培养，班主任如果要做到对班干部全面培养还需要深度学习了解相关教育理论知识和技巧，多倾听同学、科任教师对他们的评价和反馈，并适当参考家长建议。

第一学期班会怎么设计？

桃源小学　吴孟霞

一、问题情境

班会是班主任进行班集体建设的重要渠道。利用班会来促进学生在德育实践中体验、感悟、内化，助力学生自我教育能力和自我管理能力的发展。

"新岗班主任如何开好班会，怎样做到与学生一起通过讨论成长中遇到的困惑、班集体建设中遇到的问题，甚至社会公共问题，以引导学生明辨是非、促进班集体建设及学生发展呢？"

二、问题聚焦

作为新岗班主任，在班会的设计中可能会遇到这些困难：

（1）班会主题偏大、偏空，目标偏多且逻辑混乱，缺乏内在统一性。

（2）班会素材选择失当，缺乏促进学生成长的价值，缺少可参考的案例。

（3）有的班会沉闷呆板，学生参与度低；有的班会热热闹闹，缺乏真实体验。

针对以上难点，如何在第一学期，班集体建设的关键期，轻松而有针对性地设计班会？来看为你支招。

三、为你支招

（一）一张清单，提前制订整体计划

班会的设计需要讲求实效，将清单意识运用到整体规划中，让我们的班会不慌乱、不凌乱、不走过场。

1. 制订计划

结合教育局的德育行动和学校的德育安排，在学期初找好班会主题的切入点；根据学段特征，拟定题目，凸显学生的主体成长需求。

2. 公布框架

提前与家委会商议，并征询学生及家长的意见，让家长和学生参与班会设计，得到助力，也能起到督促的效果。

（二）设计原则，细化"见、微、知、著"

在整体规划的框架下，聚焦问题，立足方法，让每一次的班会切实可行、行有成效。

1. "见"，看见学生的成长需求

在宏大的主题下，根据学生的年龄特征和身心健康发展的需求，选择贴近学生心灵的话题和素材。如爱国主义教育，小学一年级可把切入点放在"认识红领巾与国旗"上，让学生在入队前通过了解红领巾的由来、故事等了解国旗和国家，多一份荣誉感；七年级的切入点可放在《"五四"薪火，时代心声》，立足历史事件，激发学生的使命感；十年级可以《那年18岁，家国有担当》为切入点，将爱国主义教育与个人成长相结合。

2. "微"，重视微班会解决班级问题

如：三年级学生自我评价意识开始形成，在自我构建及同伴交往中存在普遍问题。我们可以将《走向更好的自己》班会细化为"认识自己""悦纳自己""挖掘自己""展现自己"，主题班会与微班会结合，充分利用晨读前、放学小结的时间，将德育效果渗透、深入，帮助学生解决成长中的问题。

3. "知"，知人善任凝聚力量

班会主题、内容、形式等要建立在学生、家长、老师三方对话的基础上，特别是在计划开展与时代紧密结合的主题时，更需要挖掘家长资源、立足学生立场。

4. "著"，从形式到流程"著"有成效

班会需要解决实际问题，不能只是形式上的热闹，从选题到活动都需要承载教育意义，促使学生在原有认知、情感的基础上有所升华。创设教育情境，激发学生进行自我德育重构。如由最近小学生中盛行的奥特曼集卡热，我们在四年级召开了"'奥特曼卡'热现象冷思考"主题班会，了解相关动漫的创作基础及产业，丰富学生的精神世界，也贴合班级发展规划中的辩证思维、财商培养。

（三）两类时间优势互补

固定时间的主题班会，系统设计，把握每个阶段学生的成长点；临时班会解决突发性问题，若没有很好解决，班主任需要在主题班会时进行设计与安排；主题班会的一些调查、反馈及后期追踪，也可以通过临时班会进行。两类时间可以优势互补。

（四）问卷小结行之有效，阅读积累博采众长

借助班会之前的问卷调查，可以了解学生认知基础和情感需求，更精准地把握主题。班会后的问卷反馈，收集学生在班会中的感受及意见，便于优化班会设计和了解班会的效果。

班主任日常需要多留心与观察，建立自己的班会素材库，并按主题、类型分类整理。当主题选定以后，通过观看优质班会视频、阅读相关书籍等多渠道学习如何构建班会。

当你养成了按时、实效地召开班会，你会发现学生能至善而行；当你每次班会都精雕细琢、循序渐进，德育将浸润无声；当你次次反思，你就能够站在巨人肩上，更站在自己的肩上，让班会有创新、有特色，从而形成自己的特色。

四、暖心资源包

登录"南山区智慧班主任"平台搜索关键字"班会"获取更多资源。

五、延伸点评

本文围绕如何设计班会支招，通过"问题聚焦"阐述了有效的班会设计

在班级建设中的重要性；从一张清单、四项原则、两类时间、问卷小结四个方面给出具体建议，操作性强且具有反思意识；辅以"暖心资源包"提供相关的资源平台、视频资料，聚焦主题，具有参考意义。

本文具有基础适用性，老师们可以根据本班实际情况，利用清单意识有针对性地进行班会设计。从整个学期班会的规划设计，再到每一节班会题目及所在年段切入点的细化，新岗教师可以按照建议的四个方面落实，并寻找到适合班级学生情况的成长点，让班会能够行之有效。

本文适用于新岗班主任第一学期的班会设计指引，随着班集体的逐步形成，应该根据班级实际情况进行调整，例如体验式班会、正面管教类班会等。班会需要我们捕捉教育契机，创设教育情境，贴近学生心理，增加情感体验，确保实效。

班级归属感怎么养成？

深圳大学附属教育集团外国语小学　谢念晓

一、问题情境

归属感，又称为隶属感，是指个体与所属群体间的一种内在联系，是某一个体对特殊群体及其从属关系的划定、认同和维系，归属感则是这种划定、认同和维系的心理表现。

"班里新来的插班生小 A 总是闷闷不乐，班里的同学也不怎么跟他玩，他总觉得自己到哪都格格不入。"

"小林老师这学期接手了一个新组建的班级，班里同学丝毫没有班级观念，班级工作难以推进。"

二、问题聚焦

问题情境中的小 A 及小林老师班的同学其实是缺乏归属感的，相似的问题一般会出现在转插班生及新组建的班集体中，原因在于：

（1）家校沟通不紧密，教师因没有及时了解学生的情况而导致无法给到学生准确的人文关怀。

（2）陌生环境带来的不安全感导致学生产生自我保护的心理，而拒绝融入班级。

（3）既定的班级分工或成型的班集体中，因找不到自己可以努力的方向而无法获得被需要、被接受的感觉。

（4）新组建的班级缺乏共同的目标和班级意识，缺少情感连接。

（5）缺乏及时的评价，学生的主动性和积极性不能被及时调动。

三、为你支招

（一）家校合作，走好过渡期

家长是孩子最亲近的人，教师在建立孩子归属感的时候，需要关注到家长的力量。很多时候家长对学校、对老师甚至是对学生的评价，在一定程度上都会给孩子造成影响，因此建立良好的家校关系是非常必要的。在孩子到达班级之前，教师可以通过给家长写一封关于班级情况的信，给孩子准备一份入学礼物等方式，搭建良好的家校合作关系，从而帮助学生走好过渡期。

（二）朋辈支持，搭建归属感

在学校里，朋辈之间的交往和沟通占主要地位。陌生环境带来的不安全感或既定分工中的被无视感大都可以借助建立共生小组来解决。以下几种方式都可以充分发挥朋辈力量在归属感搭建中的作用。

1. 小组分工，找到自身定位

通过小组分工，让组内成员各司其职，小组内的事务都有人做，小组成员人人有事做，从中找到自己在组内的定位。

2. 小组合作，展示自身能力

通过具体的小组合作，展示自己的能力，通过能力输出，促成小组合作的实现，收获被接受感。

3. 小组互助，发挥自身价值

组员之间的相互帮助，最能够发挥个人价值。通过互助方式，发挥出自我价值，获得被需要感。

（三）班级活动，养成归属感

有了共生小组后，学生能够从朋辈中获得力量，搭建归属感。如何更有效地促进归属感养成呢？还需要班级大环境来给予力量。

1. 组间竞技类活动

组间竞技可以激发小组的斗志，如班级辩论会，通过设定明确的组间比赛机制，小组成员通力合作，为共同目标奋斗，进而增强学生的归属感与价值感。

2.班级协作类活动

班级协作类活动能够充分调动学生的兴趣和爱好，激发每一位学生的动力，如举行班级纸飞机活动，通过学生喜闻乐见的活动形式，提高学生的兴趣，给予学生美好独特的活动体验，进而逐步养成班级归属感。

3.主题班会类活动

主题班会往往围绕一个主题展开，需要班级每一位成员都贡献自己的力量，确定活动目标后，全员参与，全员付出，从而提升学生对班级的责任心，培养学生的归属感。

（四）教师关怀，深化归属感

无论是小学还是初高中，学生都具有一定的向师性，教师对学生的关怀是深化学生归属感的重要途径。因此，可以通过如下几件小事，充分发挥教师关怀。

1.专属的礼物

对于转校生而言，教师是其在学校接触的第一个人。教师送一份专属的小礼物，会让学生感受到被关注的温暖。

2.成为笔友

教师给学生写一封信，说说你对他的认识与期待，邀请他与你通信，不仅可以消减初识的害羞与尴尬，而且还能建立新的感情联系。书信的来往也是培养师生情感的有效方式。

3.有温度的对话

主动地关心学生在校的情况，及时给予反馈和肯定，让学生能够在有温度的对话中找到归属感。

4.被看见的成长

将学生的成长可视化，与家长、学生分享你所看见的每一件温暖的小事，分享学生的变化与成长，利用"看见"的力量深化学生的归属感。

四、暖心资源包

开展"我想认识你"主题活动，每个孩子把自己的名字介绍给班里的同学，寻找自己想认识的朋友，把自己的名字贴在对方身上，大声说："我叫

×××，我想认识你。"活动最后，学生分享自己身上的姓名贴纸。

五、延伸点评

本文紧紧围绕班级归属感怎么养成进行支招，通过问题聚焦，深度剖析出现问题的原因，由此也可看出班主任在班级归属感建立中需要考虑的维度及班主任角色在班级归属感建立中的重要性。针对"归属感"这一具体问题，本文从家校合作、朋辈力量、小组互助和教师关怀四个维度给出具体的建议与操作指导，同时，辅以"暖心资源包"，提供了更多示范，具有较大的参考价值。

本文更多地是提供行动上的指导与借鉴，教师在进行实践时应该充分考虑本班班情与学情，根据具体情况进行相应调整，比如在班级活动和教师关怀上要充分考虑学生年龄段特点，切莫出现过于童稚化或过于成熟化的情况。

本文为刚接班的新手班主任在进行班级规划和班级文化建设时提供参考，帮助学生快速建立班级归属感。即便已经度过班级磨合期，基本建立了班级归属感，班主任也应当时刻观察班级情况，适当开展相应的活动巩固和培养学生的班级归属感。

多元化评价怎么落地？

南方科技大学教育集团（南山）第二实验学校　赵芬樱

一、问题情境

科学有效地管理好班级的前提条件是学生能够进行自我管理。培养学生的自主管理能力的前提是学生能够自我认识，在班级，采用多元评价的方式代替以前仅仅以分数作为评价标准的方式，让每位同学都发现自己的优势，补齐短板，从而建立信心，在行为上更加积极主动，最终发展成为能够自我管理的集体。

以往，班主任或者老师对学生的评价，通常局限于单一的学习成绩，以及在班级或者课堂的表现。然而每个学生都有优点，考核标准单一有失偏颇，那么如何改变呢？

二、问题聚焦

作为新岗班主任，在对学生进行多元评价的过程中可能会遇到这些困难：

（1）多元评价在内容方面包括哪些维度？

（2）多元评价的评价工具有哪些？

（3）评价者包括哪些？

（4）评价空间包括哪些？

（5）在班级中如何具体实施多元评价方案？

三、为你支招

（一）评价内容及评价工具多元化

多元评价是以促进学生全面发展为目的，不仅仅关注学生知识和技能的获得情况，更关注学生学习的过程、方法，相应的情感态度和价值观等方面。所以除了学科学习目标以外，多元评价还包括了一般性的发展目标：德智体美劳等。这样，班主任在班级管理中就可以根据多元的评价内容和标准制订出详细的评价规则。下面是评价内容和评价方式（工具），采取了总记分法，最差为1分，最高为3分。

表1　多元评价表

评价内容	德		智		体		美		劳		总分
	助人精神	集体精神	学科成绩	学习态度	体育成绩	体育态度	美术成绩	美术态度	劳动能力	劳动态度	
评价方式	问卷星	问卷星	平时测试	问卷星	平时测试	问卷星	平时测试	问卷星	问卷星	问卷星	

（二）评价者多元化

改变过去仅由班主任评价学生的方式，鼓励各科老师、学生本人、同学、家长等参与到评价中。不同评价者从不同角度评价学生才能更加全面地认识学生，发现学生的优点。

（三）评价空间多元化

以往对学生评价仅仅局限于教室或者课堂，多元评价强调对评价对象的各方面情况进行全面综合考察，评价的信息来源就不能仅仅局限于课堂，而应拓展到学生各种发展的培养空间，包括课堂教学、课外活动和社会实践等。

四、暖心资源包

1.多元评价

多元评价在内容、评价者、评价方式和评价工具方面都需要多元化，看似复杂，但把每一项内容细化，就会变得简单。针对多元评价给出的建议如下：

（1）关于评价内容，我制定了多元评价表，将内容分为五大方面，见表1。

（2）在评价者方面，让所教科任老师、学生、家长都参与评价。

（3）在评价方式方面，有质性研究，也有量化研究。既有分数的量化评价，也有文字语言的评价。

（4）在评价工具方面，主要使用问卷星，必要时使用 UMU APP。

2. 多元评价的流程

（1）在每学期开学时实施，给所有参与者讲解规则。

（2）每学期开展一次大总结，每个月一次小总结。

（3）每个月小总结时评出多元评价内容中多个方面的优胜者，并在班级进行表扬。

（4）总结完毕，将结果在教师群和家长群进行公布。

3. 多元评价表的实施方法

每个月评价一次，每学期末将本学期的积分进行统计。

（1）家长采用"家长问卷调查"的方式，本问卷采用3点记分法，最差为1分，最高为3分。

表2 多元评价表（家长版）

评价内容	德		智		体		美		劳		总分
	助人精神	集体精神	学科成绩	学习态度	体育成绩	体育态度	美术成绩	美术态度	劳动能力	劳动态度	
评价方式	问卷星	问卷星	平时测试	问卷星	平时测试	问卷星	平时测试	问卷星	问卷星	问卷星	

多元评价问卷调查表（家长版）

亲爱的家长：

您好！请您根据孩子近期的表现真诚答题。问卷内容仅仅作为对孩子近期表现的评价，帮助孩子更好地了解自己、认识自己，帮助孩子不断成长，发现发扬自己的优点，弥补自己的不足。

1. 孩子姓名

2. 助人精神

（1）从不助人

（2）偶尔

（3）经常

3. 集体精神

（1）完全没有

（2）有一点

（3）非常强

4. 学习态度

（1）非常不好

（2）一般

（3）非常好

5. 对待体育运动的态度

（1）非常排斥

（2）一般

（3）非常喜欢

6. 审美能力

（1）非常差

（2）一般

（3）很好

7. 劳动能力

（1）非常差

（2）一般

（3）非常强

8. 劳动态度

（1）非常好

（2）一般

（3）非常好

（2）学生互评。学生互评是对自己以及全班同学进行评价。注意同样使用 3 点记分的方法。

表 3　多元评价表（学生版）

评价内容	德		智		体		美		劳		总分
	助人精神	集体精神	学科成绩	学习态度	体育成绩	体育态度	美术成绩	美术态度	劳动能力	劳动态度	
评价方式	问卷星	问卷星	平时测试	问卷星	平时测试	问卷星	平时测试	问卷星	问卷星	问卷星	
学生 1											
学生 2											
学生 3											
学生 4											
学生 5											

（3）班主任及班级各科任老师评价。

表 4　多元评价表（教师版）

评价内容	德		智		体		美		劳		总分
	助人精神	集体精神	学科成绩	学习态度	体育成绩	体育态度	美术成绩	美术态度	劳动能力	劳动态度	
评价方式	问卷星	问卷星	平时测试	问卷星	平时测试	问卷星	平时测试	问卷星	问卷星	问卷星	
教师 1											
教师 2											
教师 3											
教师 4											
教师 5											

（4）汇总学生自评互评、家长、教师多元评价表。

表5 多元评价表（汇总）

姓名	自评总分	学生互评平均分	家长评分	教师评价平均分	总分
学生1					
学生1					
学生3					
学生4					
学生5					

五、延伸点评

本文围绕如何在班级实施多元评价支招，通过"问题聚焦"阐述了新岗班主任开展多元评价的必要性和重要性。从评价内容及评价工具多元化、评价者多元化、评价空间多元化三个维度给出具体建议，操作性强。辅以"暖心资源包"介绍多元评价的流程和具体实施步骤，富有示范性和指导性，很有参考意义。

本文具有通识性意义，老师们在使用时能够根据不同学段的本班实际情况，有针对性地确定评价内容、评价者与评价方式，无须面面俱到。比如在小学，评价者为学生时，评价方式可以是在老师的辅助下完成；同时不同学段在评价内容和评价者上各有侧重，比如在小学更加侧重教师和家长的评价，在高中更加侧重于和同学互评。

本文适用于新手班主任第一次使用多元评价方案，随着对班级了解的深入、对班主任工作的掌握，以及与科任老师、家长等的沟通深入，可以在实施的过程中在评价内容、评价方式、评价空间等方面不断调整增减，通过多元评价结果对班级不断给出反馈，提升总结，并对下阶段都提出相应的目标与期待。

如何开展班级特色活动？

深圳大学附属教育集团外国语小学　黄　灿

一、问题情境

班级活动作为学校教育活动的重要组成部分，能促进班集体建设，提高学生的能力，发展学生的个性。

新岗班主任常常有这样的苦恼；如何开展班级特色活动以促进孩子的成长呢？

二、问题聚焦

新岗班主任开展班级特色活动时，容易出现以下问题：

（1）缺乏"创造性"，消极被动地跟随学校计划或要求，班级特色无法凸显。

（2）缺乏"学生意识"，忽视学生现状与活动体验感，导致活动不能落到实处。

（3）缺乏"闭环思维"，没有系统规划，随意性强导致活动流于表面。

三、为你支招

（一）改变观念是前提

班主任是班集体的建设者，开展班级活动是班主任的工作内容之一，能否积极主动地开展适合学生的班级活动也是班主任能力的体现。新岗班主任一定要树立"班级意识""活动意识""学生意识"，从思想上重视班级特色活动在班级建设中的重要作用。

（二）全面了解是基础

有效的班级活动的实施是建立在班主任对学校、学生和家长有全面了解的基础上的。新岗班主任在设计班级特色活动时就要立足三大主体，利用多种方式和途径进行前期的了解和调查。比如学校层面，深入解读学校的规章制度、学校文化；学生层面，整体把握成长特点，建立学生档案；家长层面，家校沟通，整合家长资源，了解家长意愿。只有全面了解各方情况，才能让活动落地生根。

（三）系统规划是关键

学生的成长、班集体的发展是动态的，有效的班级特色活动是强大的动力。树立"系统观"，系统地分析和考虑学生成长与班级发展，才能够让班级特色活动发挥源源不断的动力。系统规划离不开以下步骤：

1. 拟定特色目标

班级目标的确定要以学校的办学理念为指南，与学生的年龄特点相结合，如此才能真正提升学生素养和促进自主发展。比如，低年级是培养学习习惯的关键时期，班级活动目标的设立就应该对标习惯养成；中年级注重培养能力，班级活动的目标就应对标能力的培养；高年级学生因其年龄和心理发展特点，更应该注重团队合作、与人交往的品质与能力等。

2. 制订活动计划

制订计划是系统规划中非常重要的一环，凡事预则立不预则废，制订计划能让活动开展得有条不紊。在制订计划的过程中要充分借力，结合学校特点、学生兴趣、家长资源等多方面，与学生、家长共同商议，从而制订出可落地操作的活动方案。

（四）突出特色是亮点

1. 利用家长资源，助推特色发展

家长是学校教育的合作伙伴，来自各行各业的家长的职场经验和人生阅历能够成为重要的活动资源。围绕家长，低年级可以开展"家长讲故事""亲

子朗读比赛""亲子运动会"等活动；中年级可以开展"书香家庭评选""家长讲师进课堂"等活动；高年级可以开展职场体验活动、"一封家书"活动等。另外，各个年级都可以创新家长会的形式，变家长会为展示会、茶话会。

2. 善用传统典籍，深化文化底蕴

中华民族有深厚的文化底蕴，从五千多年的历史长河中选取有代表性的典籍，让学生通过阅读，潜移默化地提升文学、文化素养，是一个不错的选择。如以"悦读经典、尝试体验"为特色，二年级开始就可以带领学生阅读《三字经》《百家姓》《声律启蒙》等传统文化经典，一学期一部经典，并围绕经典开展一系列活动，让学生学习和感受古文经典魅力的同时培养良好的个性品质。

3. 注重活动体验，提升综合能力

体验是德育内化和外化的结合点，是道德认识与道德情感、道德意志与道德行动的结合点。班主任要着力创设情境，营造氛围，创造丰富而有意义的生命体验机会，引导学生们在与他人的互动中，获取体验，提升自信心和胆识，发展情绪管理、生活自理及解决问题等能力。

4. 运用激励性评价，激发活动积极性

活动评价的内容应把着眼点放在学生的创造性表现上，"看见"学生为活动付出的努力和学生的点滴进步。评价的方式可以充分发挥学生的主动性和创造性，由学生设计奖项的名称和获奖条件，自主申报，书写颁奖词，集体评议决定获奖名单，最后举行隆重的颁奖仪式。

（五）反思学习是重点

活动开展之后，班主任要及时总结，反思活动开展情况，在此基础上，修改原有的活动方案，为下一次的活动提供参考。

四、暖心资源包

班级活动计划表

活动类型	活动主题		活动主体	活动名称
主题型	三月	学雷锋	学生	雷锋故事我来讲 寻找身边活雷锋
	四月	环保	学生	垃圾分类我能行 低碳生活你我同行
	五月	劳动	学生	我和妈妈换天岗 我是班级小主人
	六月	传统文化	学生	我是吟诵小达人 诗词长征路
	七月	社会实践	学生	我是图书管理员 我是交通小达人 敬老院里献爱心
	九月	常规	学生	最××系列评选活动
	十月	爱国	学生	我和国旗合个影 爱国故事我来讲
	十一月	阅读	学生、家长	好书我推荐 以书会友 书香家庭评选
	十二月	法制	学生	宪法知识竞赛 法律手抄报比赛
	一月	心理健康	学生	我的自画像
知识型			学生	诗词大会 经典咏流传 知识竞赛 百家讲坛 家长讲故事
交流型			家长、学生	班级奇葩说 超级演说家 以书会友 集体生日会 一封家书 创意家长会
娱乐型			老师、学生	迎新晚会
实践型			学生	班级厨艺争霸赛 班级拍卖会

五、延伸点评

本文围绕新岗班主任在组织班级活动中存在的问题支招，"问题聚焦"指出了新岗班主任在开展班级特色活动时存在缺乏创造性、学生意识、闭环思维的问题，从改变观念、全面了解、系统规划、突出特色、反思学习五个方面进行阐述，逻辑清晰，层层推进，从意识到实践层面给新岗班主任以全面的指导。"暖心资源包"从不同角度列举了班主任可以开展的活动，具有参考意义。

本文意在指导新岗班主任开展班级特色活动，特色活动并不意味着标新立异，所谓的特色与创新都要以适合学生的发展需要为前提，不可盲目贪多求全，拔高要求，为了特色而特色。比如，在激励性评价方面，低年级的孩子由于思维能力和表达能力有限，评价还是要以老师为主导，孩子可以参与奖状的设计。

在制订计划和开展活动时，各个主体的参与形式随着年级的升高而有所不同。低年级的孩子由于年龄小，经验少，能力弱，因此活动的策划和组织以老师为主，家长辅助；中年级的孩子有了一定的活动经验和组织能力，可以在老师和家长的帮助下尝试策划和组织一些班级活动；到了高年级，老师和家长可以适当放手，让孩子自主组织班级活动，充分调动孩子的主动性和创造性。

家 校 合 作

　　家庭和学校是学生学习生活的两大主阵地，家庭为孩子建起心中的小房子，学校为孩子搭起外部的屏障。家校合作形成了学生身上最坚硬的铠甲，同心教育，共情温暖，让每一个孩子都成长为心中有温度，外在有力量的勇敢少年。

学校信息怎么高效传递？

南山实验教育集团荔湾小学　刘伟伟

一、问题情境

苏联教育家苏霍姆林斯基曾说过："教育的效果取决于学校和家庭教育影响的一致性。如果没有这种一致性，学校的教学、教育就会像纸做的房子一样倒塌下来。"有效的家校沟通不仅能让家长了解学校教育的内容、方式和要求，还能形成教育合力，协同育人，促使学生健康成长。

不管是新岗班主任还是老班主任，他们都经常这样感叹道："怎么又有同学没有交同意书呢？怎么又有家长没有看到这么重要的信息呢？明明讲得非常清楚了，怎么还有些家长不知道该如何操作呢？信息传递到底出了什么问题呢？"

二、问题聚焦

作为班主任的我们，经常会遇到这样的困难：

（1）有些家长因工作繁忙、教育意识不强等原因，经常忽略、遗漏学校及班级传达的各种信息。

（2）有些家长对学校传达的工作不落实、不配合，导致家校冲突。

（3）有些工作班主任需要反复提醒，经常做重复性的工作，耗费大量的时间与精力。

如何将学校信息高效传递给家长？请看我为你支招。

三、为你支招

（一）正确认识是高效的前提

班主任是班级的教育者和管理者，是学校教育、家庭教育沟通的桥梁，是连接学生、家长和科任老师的纽带。

1.认识沟通、达成共识

班主任要向家长传递信息沟通的必要性，和家长形成一致的认识：学校信息的传递，是为了让家长了解孩子在学校的表现，是为了共同建设优秀的班级，是为了共同促使孩子成长。

2.互相尊重、相互信任

不管是面对面沟通，还是通过网络平台沟通，班主任都应"诚"字为先，以真诚的心态去沟通，家长得到尊重，沟通才能有效。

3.换位思考、求同存异

对本班家长的文化水平、职业、教育观念、家庭关系等做前置信息收集，使自己心中有数。当家长提出不同意见时，班主任转换角色，学会站在家长的角度看待问题，辨析家长建议的可行性，切不可凭借个人主观色彩否定家长。如果家长提出请求或寻求帮助，应耐心解答并尽最大能力去帮助解决。同时，在遇到个性突出的家长时，应尊重他们不同的教育理念及方式，寻求合适的教育对策，协商解决教育中所面临的问题。

（二）巧用信息是高效的途径

1.信息整合，分类通知

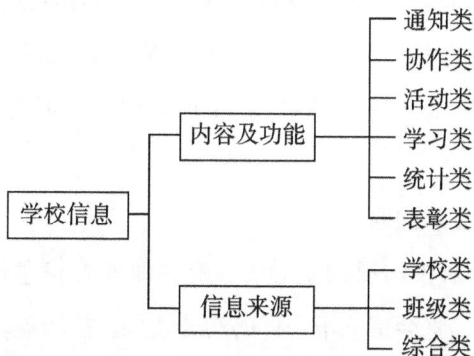

学校信息
- 内容及功能
  - 通知类
  - 协作类
  - 活动类
  - 学习类
  - 统计类
  - 表彰类
- 信息来源
  - 学校类
  - 班级类
  - 综合类

当前社会，学校与家长信息交流加强，学校向家长传递的信息内容较为繁多，因此，家长在大量信息面前有所遗漏也是正常现象。作为班主任，将学校所有信息进行整合是与家长沟通时首先要做的工作。依据信息的内容及功能可以将其整理为通知类、协作类、活动类、学习类、统计类等，依据信息的来源可以分为学校类、班级类、综合类等。班主任每天发布信息时，可以在信息前面加上日期及编码等标记，图文并茂地呈现，使家长一看就知道今天老师发布了多少信息，是什么类别的信息，有没有漏看的信息。

标识类如：

【2021年1月12日　1- 通知信息】

【2021年1月12日　2- 活动要求】

【2021年1月12日　3- 统计汇总】

【2021年1月12日　4- 表彰信息】

2. 重视平台，编写有序

（1）巧用多功能平台。第一平台——家长会：家长会是学校和家庭沟通思想、交换信息的场合，是教师与家长培育互信、共商教育对策的时机。班主任应抓住家长会这个重要平台，着重强调学校信息的重要性，与家长达成共识。第二平台——设置不同功能的班级群。如创建以通知为主要功能的群，主要发布通知及其他相关事务；创建以情感沟通为主要功能的群，主要和家长进行互动、沟通，分享班级中的美好瞬间，分享好的教育资源等。

（2）巧说文本内容。教师在进行信息编写时要具备规范意识：用词精准，不使用易产生歧义的词汇误导大家；条理清晰，注重表达内容的逻辑性；文明用语，不使用情绪化的言辞伤害他人；诚恳致谢，不以趾高气扬的姿态藐视他人。

3. 传递有法，智慧沟通

班主任是进行家校沟通的主导者，有些时候在信息传递前进行二度加工，用一些小窍门，将会带来不一样的沟通效果。技巧梳理如下：

类别	小窍门	案例
通知	1. 格式正确 2. 敬语＋内容＋致谢 3. 重要时间、重要信息加粗标记，着重提醒	尊敬的家长： 　您好！ 　接上级通知，请您和孩子今、明两天务必配合社区，完成核酸检测。感谢您的支持与配合！ 　　　　　　　　　　　　　　××小学 　　　　　　　　　　　　　　××月××日
协作、活动、学习等	1. 分条目罗列信息 2. 信息内容全部正确 3. 可以附上表格、答疑问题等相关材料	为了提高孩子们的体能，本班计划开展"运动之星"评比活动，现将"运动之星"评比方案公布如下： 一、每日目标…… 二、每日记录…… 三、每日点评…… 四、每周之星…… 　　　　　　　　　　　　　　　××班 　　　　　　　　　　　　　　××月××日
表彰、总结	1. 言辞诚恳 2. 充满激情 3. 肯定努力 4. 表达感受 5. 提出需求	今年就要落下帷幕，回首过去，在这不寻常的一年里……在这里，我感受到……我希望……

（三）多效举措是高效的保障

1. 确立平台，熟练运用

随着互联网信息技术的不断发展，班主任可以利用QQ、微信、校讯通等平台发布学校及班级的各种信息。信息平台的确立可以分三个阶段完成：第一阶段——初建，主要操作流程：班主任确定信息主要平台→建立平台→家长扫码入群→全体更改群名（标注方式：孩子姓名＋爸爸或妈妈）→核对入群人员→自我介绍→互相问候。第二阶段——发展，主要操作流程：班主任讲解不同平台的使用规则及信息类别→确定信息阅读及回复方式→信息发送→反馈信息接收情况→关注信息失联群体→沟通联系，取得共识。第三阶段——成熟，主要操作流程：发布群公告→运用接龙管家统计完成情况→多次对重要信息及时提醒→公布完成情况→活动结束后进行表彰及总结。除此之外，可以采用调查问卷的方式，对家长的疑问及存在的意见进行解答、反馈，及时了解家长的需求，保障信息的通畅传达。

2. 化零为整，家委协助

家委会是班主任的得力助手。在家委会中设置信息管理员，每天对学校信息进行梳理、汇总，化零为整，每天在固定的时间里再度发送，对覆盖及漏掉的信息进行补充和提醒。

3. 层层落实，共同推进

以小组模式进行班级管理是一种常用的方式。班主任根据不同性质、不同目标划分小组，如学习小组、书友小队、值日小组等。借用小规模的组织平台，运用非正式沟通的方式，将信息模块化，分类推进各项工作。

4. 清单思维，数字工程

学生是学校信息传递的另一重要途径。在班级里设置公告栏，对班级或学校信息用数字编序，对学生进行清单思维培训，既能提升学生的逻辑能力，又有利于信息的高效传达。

5. 及时反馈，表彰强化

保持信息畅通的核心是注重回应和有效互动，形成沟通的良性循环。班主任应及时对各项信息进行反馈，表彰活动所取得的效果，不断强化家长主动作为的习惯与意识。

四、暖心资源包

1. 让沟通更有人情味

运用以上信息传递机制，可以有效提升信息传递效率。但作为班主任，不能仅限于此，更要将沟通变成一件温暖的事，让教育变得温情起来。可以从以下几个方面使家校沟通更有人情味：

（1）经常传递班级生活的美好画面及育人理念，让家长感受到教师的用心。我们要站在家长的角度，了解家长的需求，促进良好的情感沟通。如开学第一天，对家长来说，非常急切地想知道孩子在学校的情况，班主任可以将孩子的上课状态、课间活动、午餐午休的情形以照片或视频的方式及时发送给家长。

（2）让信息平台成为有温度的平台。班主任要经常把孩子的点滴进步及作品进行展示，及时鼓励与肯定孩子的成长，让信息平台成为孩子成长的记录平台。

（3）语言具有个人特点。每个人都有自己的语言风格，班主任沟通时可以尽情地凸显个性，可以是幽默式的，可以是煽情式的，可以是理性式的，在互动中构建轻松愉悦的氛围。

2. 让沟通更有专业性

（1）成立成长护航小队。班主任可以建立"1+X"成长护航小队，以学生为中心，建立"班主任＋爸爸＋妈妈＋爷爷奶奶＋外公外婆"微信群，保证信息沟通的一致性，既可以整合学校、家庭资源，又可以指导家长更好地进行家庭教育，成为多功能的沟通平台。

（2）让信息平台成为家长互助的学习平台。不仅班主任和家长之间要建立良好的沟通，家长和家长之间也要互相沟通联系，取长补短，由此提升自己的育人技能。

五、延伸点评

本文围绕学校信息的传递，从正确认识、巧用信息、多效举措三个方面给出具体建议。文中提到的对信息进行分类，设置不同功能的班级群，在家委中设置信息管理员等，具有较强的实践意义。"暖心资源包"中提到的"让沟通更有人情味"是很好的视角，老师应该从家长的角度思考，如何表达信息更易于让家长接受。

在家校之间信息沟通越来越频繁的情况下，老师在传递信息时要做到方式科学、流程简化和责任明确，而不是为了保证信息传递，生发出更多的复杂操作，或者频繁刷屏。

第一次家长会怎么开？

前海港湾学校　王　琳

一、问题情境

心理学家洛钦斯提出的首因效应指出：第一印象作用最强，持续时间也长。对班主任而言，能够在第一次家长会上让家长信服，尤为重要。

"刚毕业就让我当班主任，没有经验不说，还满脸学生气。而家长们可都事业有成，有些还是已经育儿好几个的'老家长'了，第一次家长会，该如何赢得家长的信任和支持呢？"

二、问题聚焦

由于初次做班主任经验不足，第一次家长会，可能会遇到这些困难：

（1）对家长的需求和情况还不太了解，家长的诉求期盼多样化，不好满足。

（2）班级建设方针还没有形成，对未来的规划缺乏说服力，导致讲述时不太自信。

（3）缺乏对家长会重点的把握能力。

第一次家长会，怎么做才能赢得家长的信任和支持？来看我为你支招。

三、为你支招

（一）全面了解是沟通的前提

年轻不代表没实力，多年的专业学习底蕴是教师最值得依仗的底气。以下三个了解能极大地增强班主任的专业性。

1. 了解学校

系统了解学校的顶层设计，如校风、校训、培养目标、学校的特色发展项目、往届教育教学成果等；了解班级科任老师情况及学校师资情况；了解本片区学校生源情况；了解班情。

2. 了解规律

了解所在学段学生心理发展特征。当自己能够准确清晰地讲明学生身心发展特点及规律时，更能够赢得家长信任。

3. 了解家长

主动请教有经验的班主任，本校本年级家长常见的需求和最关注的事情是什么？以问卷星的形式提前了解家长对老师、班级、孩子有什么期盼。如果能在第一次见面时对家长的需求做出有针对性的回应，更容易走进家长的内心。

（二）充分展示是信任的基础

充分展示是赢得家长信任的基础，展示的内容可包含以下方面：

1. 介绍自己和科任团队

从正面介绍自己和各科教师的教育经历、优势特长等。展示的方法有很多，创意小视频、图片视频、故事演绎等方法比干巴巴的口述更有冲击力，可令人印象更深刻。

2. 介绍教育理念

教育理念是对具体做法的抽象和凝练的总结，以下是寻找教育理念的几个参考途径：

（1）梳理总结自身的教育理想，建班构想。无论是新接手还是后接手的班级，思考想把班级建设成什么样，是形成教育理念的基础。

（2）名家的教育思想。

（3）校长的教育思想、学校所在区域的育人培养目标（如南山区"让每一个孩子都幸福"的教育理念）等。

3.介绍理念的落实途径（班级规划）

具体的班级规划，比如方式方法、带班策略，是把理想拉入现实的有效落实途径。我班的学年规划如下图所示：

阶段	德育 立德树人	智育 赋能未来	体育 强健体魄	美育 润泽生命	劳育 热爱生活
把常规抓好，把习惯养好（一年级）2021—2022	归属感、价值感、责任感 建立班级公众号 班级好习惯童谣编创 班级议事会拟写公约 微团队组建 文化墙共同布置 班歌编创 班级岗位人人参与 我的好习惯小讲堂 好人好事广播站	阅读：好习惯系列绘本课程 建立班级阅读角 每日阅读马拉松 数学：财商系列课程 淘宝节、拍卖会 技能大赛——七巧板 英语：趣配音、环游地球一小时 科创：Make fair校园创客节 科创小制作比赛	阳光体育1小时 微团队每日1分钟跳绳打卡	茶文化班本课程：学茶礼、明茶益、习茶艺 环境美化师评比赛：花艺 变废为宝 软陶创作 最美作业评选大赛：	内务小达人技能赛：整理抽屉 整理书包 整理储物柜 衣物叠放 值日
学生状态	乐学善问，积极参与班级事务，养成良好的学习、生活、待人接物习惯，有一定的集体责任感				
班级状态	有独特的班级文化，学生积极热情，集体向心力初步形成				

（三）行动指导是主要的目的

让每位家长开完会以后，清晰地知道自己在这一阶段该怎么配合班主任，做些什么可以帮助孩子有更好的发展，并给予家长具体的行动支架，让家长明白该怎么做，是我们召开家长会的主要目的。只有家校双方力往一处使，才能实现家校共育，绘就美好的教育"同心圆"。以下三个指导方向可供参考：

（1）如何落实行为习惯养成。

（2）如何落实学习习惯养成。

（3）基于现阶段学生心理特点如何进行有效亲子沟通。

以下两种呈现方式为我常用的做法：

（1）以"班级我们这样做——家庭可以这样做"两相呼应的方式对家长进行指导。

（2）以清单化的方式清晰地罗列具体步骤。以六年级下学期我在家长会上指导如何正向评价为例：

如何正向评价：

描述看到的场景

肯定孩子做到的部分

从中【看见】孩子具有的某种品质或潜力

表达您的期许（不一定是更进一步，保持也行）

与孩子讨论完成/解决这件事的方法步骤

给予孩子精神方面的鼓励

您的评价是孩子成长路上的灯塔。用温暖的话，给孩子方向，引导孩子向上。

Harbor

四、暖心资源包

（1）家长会上开展多种形式的小活动，让家长从走进教室的那刻起，就感受到教师对孩子的用心，孩子在这个教室的开心。这既能化解教师和家长间陌生的小尴尬，又能奠定信任基础。以下几项做法供参考：

①展示孩子的创意作品（如给爸爸妈妈的一封信、特色表扬信、特色姓名牌，背后附上请爸爸妈妈认真听讲的字样等）。

②播放暖场小视频（抓拍学生生活的点滴）。

③暖心甜点。

（2）家长会流程范例。

①暖场小视频。

②自我介绍、团队介绍、教育理念介绍。

③班级发展规划：原因、现阶段成果，接下来的活动计划、需要家长配合什么。

④家庭教育指导：根据现阶段学生发展特点及家长遇到的教育问题，以"班级我们这样做，家庭可以这样做"的形式详细指导。

⑤微团队沙龙：抛出一个问题，请家长讨论、分享。

⑥提出家校共育愿景：分享一个观点、一首诗、一句话、一本书。

五、延伸点评

本文紧紧围绕如何开好第一次家长会支招，通过"问题聚焦"阐述了新岗班主任开好第一次家长会的重要性；从全面了解、充分展示、行为指导三个维度给出具体建议，操作性强；辅以"暖心资源包"介绍经过实践的多种创意小策略，富有示范性和指导性，很有参考意义。

本文具有通识性意义，老师们在使用时根据本班实际情况，有针对性地确定"行动指导"重点内容，无须面面俱到。比如低年级侧重行为习惯养成，中高年段侧重学习方法介绍和习惯要求等。

本文适用于新手班主任开展的第一次家长会，随着班级工作推进，如果在学期中或学期末组织家长会，则需在家长会前通过与科任教师沟通、学生自我评价、家长问卷反馈等多种形式，对学生近阶段学习、行为表现做好全面了解，家长会上有对前期班级总体情况的总结，也有下阶段的目标建议，体现动态性和发展性。

家委会怎么组建？

深中南山创新学校　王文娜

一、问题情境

　　家委会是沟通学校、教师和家长之间的一座桥梁，是班主任开展工作的重要援军和强力后盾。家委会能促使家长紧密地与班级配合，形成合力，有利于学生全面发展、健康成长。通过家委会这个平台，也可以进一步增强班级与家长之间、家长与家长之间的沟通和交流。

　　"第一年当班主任，经常有无数焦虑：我能独立处理好班级各项事务吗？万一管理不好学生怎么办？万一家长不配合我的工作怎么办？该如何组建我们班的家委会呢？"

二、问题聚焦

　　组建家委会对于新手班主任而言，可能会遇到这些困难：

　　（1）我怎么判断一个家长适不适合加入家委会呢？

　　（2）如何进行家委会的选举，怎样设置岗位和分工呢？

　　（3）我可以指定家委会成员吗？

　　（4）选出来的家委会，我该如何沟通、管理和引领呢？

　　针对新手班主任在组建家委会过程中遇到的难点，我来为你支招。

三、为你支招

（一）如何选人

　　1.摸底，知道哪些是最合适的人

　　摸底的目的，是为了让最合适的家长进入家委会的队伍。那么什么样的家长最合适？一般而言，符合以下条件的家长，最合适：

（1）有时间、乐奉献。

家委会成员参与班级管理，在很多时候，都需要来到学校。不仅要有心，也要有时间参与。

（2）有能力、组织强。

家委会需要根据班主任发布的活动，及时与老师和家长沟通，进行各种策划、分工等准备工作，起到桥梁作用；还要能让家长们信服，积极配合；并要为班级的发展出谋划策，提出合理化意见和建议。

（3）人缘好、善沟通。

家委会有一项重要的任务是促进学校与家庭的有效沟通，向家长通报班级近期的工作，听取并向教师转达家长对班级工作的意见和建议。因此，家委会成员需站在不同角度，协调好各方需求，促进家校沟通和理解。

那么怎么样才能把这些人找出来呢？办法包括：

（1）组织活动。

可以让学生写篇作文介绍自己的家庭以及家庭成员，教师批改的过程中把重要信息记录下来，作为参考；也可以在第一次家长会的时候，讲述带班理念，明确家长责任和需要配合的地方。

（2）开展家庭情况调查。

家庭情况调查表，既可以是在线问卷调查，也可以让学生把调查表带回家，让家长填写自己的工作单位、职务职称、兴趣特长、能为班级提供服务的时间、是否愿意加入家委会等。

2. 动员，让合适的人到合适的岗位

意向人员有了，要着手动员工作了，该怎么操作呢？大致的步骤包括：

（1）把班级要成立家委会的信息发布出去，可以在班级群里发通知，也可以采取较为正式的方式，印一份告家长书，让学生带回家去交给家长。

（2）下发家委会申请表，让家长先自主报名。有些家长对孩子的在校生活很关心，从幼儿园起就一直是家委会常客，因此你只要把招聘家委会成员的消息放出去，他们往往就会主动报名了；他们经验丰富，工作主动性强，绝对是家委会工作的好手。然后你开始对报名人员进行统计。如下所示为深中南山创新学校七年级二班家委会委员申请表。

深中南山创新学校家委会委员申请表

班级：七（2）班　　　　日期：

姓名		性别		出生年月	
工作单位		职业职务		学生姓名	
联系电话			籍贯		
现住址			微信、QQ		
申请理由					

附：委员候选人条件

1. 了解和关心教育，懂得一定的教育规律，具有认真负责的工作态度，关心班级，能为班级的教育教学和日常管理提出意见和建议。

2. 责任心强、热情，有较强的分析问题和解决问题的能力，有比较丰富的家庭教育经验和较好的教育效果。

3. 能热心听取并向班级反映家长们所关注的问题，能主动为班级（年级、学校），以家委会的名义与家长沟通和协调。

4. 能主动向社会宣传学校的办学成果，树立学校良好的社会形象，促进班风建设。

（3）如果没有人报名，则进行私下动员，目标就从你摸底时最心仪的家长开始。

（二）如何组织

人员确定后，就可以组织家委会成立大会了。会议需要确定家委会宗旨、职能划分和具体分工。比如经过我们班第一次家委会，家委会会长形成了如下职责与分工：

深南创七（2）班班级家委会职责与分工

为了加强学校与家庭、社区在学生教育工作中的沟通与配合，营造学校、家庭、社会三位一体的教育网络，便于家长对学校工作的了解、理解和监督，增强学校工作的透明度，确保各种教育渠道的畅通和各种教育资源的有效利用，以便更好地培养和教育学生。

一、家长委员会职责：

依照《深中南山创新学校家委会章程》规定，结合班级实际，班级家长委员会的主要职责为：

（一）参与班级管理。对班级工作计划和重要决策，特别是事关学生和家长切身利益的事项提出意见和建议。对学校和班级教育教学和管理工作予以支持，积极配合。对学校开展的教育教学活动进行监督，帮助学校和班级改进工作。

（二）参与教育工作。发挥家长的专业优势，为学校和班级教育教学活动提供支持。发挥家长的资源优势，为学生开展校外活动提供教育资源和志愿服务。发挥家长自我教育的优势，交流宣传正确的教育理念和科学的教育方法。

（三）沟通学校与家庭。向家长通报学校和班级近期的重要工作和准备采取的重要举措，听取并转达家长对学校和班级工作的意见和建议。向学校和班级及时反映家长的意愿，听取并转达学校和班级对家长的希望和要求，促进学校、班级和家庭的相互理解。

（四）筹集费用与管理。本着支持、自愿的原则，筹集一定资金，用于奖励班级各方面表现突出的学生、班级文化建设、购买学生辅导资料及班级学生活动经费。

二、家长委员会的组织领导：

班级家长委员会根据学校和班级工作需要设定具体人数。本届家长委员会设会长1名、会员6名。

三、家长委员会委员职责：

（一）会长：负责班家委会全面工作；密切做好家校联系；制定家委会年度工作计划和总结；协同各部门开展组织好各项家委会活动等。

（二）活动部：责组织、策划班级内外的各项活动及安全，协助完成学校安排的各项活动，利用家长资源开展社会实践活动。

（三）学习部：负责班级家委及班级各项文化的微信宣传事务，动员家长支持学校工作，组织家长开展家教经验交流工作。（1）宣传学校新的教育理念、学校和家长委员会的工作和成果。宣传班级好人好事，好的学习、教育方式等。（2）宣传班级活动、班级动态、协助完成班级活动的策划、摄影、摄像、影音制作。

（四）后勤部：负责与家委会工作及家长活动有关的后勤保障工作；负责采购和运输等。

（五）财务部：负责家委会活动基金的筹集与管理。做好各项经费的收支工作，并定期向家长公布账目。家委会视实际需要，可按一事一议的原则，合情合理地向本班各家长平均收取一定的费用，以便于开展各项活动。各次收费均要事前向家长说明用途及使用计划，收费及资金管理由家委会财务委员负责，实行专人、专办、专管，如有结余转入活动基金。每次活动结束后及每学期期末公布收支明细、资金余额。

宗旨：

加强家长与老师、学校之间的沟通与合作，解决实际问题，积极开展班级文化建设。

工作原则：

立足于孩子，着眼于服务。

组成方式：

1. 自愿报名或民主推荐参加；

2. 每学年换届一次。

家委会成员及分工：

序号	部门	家长	联系方式	备注
1	会长			
2	活动部			
3	学习部			
4	后勤部			
5	财务部			

深南创七（2）班家委会

2018 年 10 月

（三）如何引领

在组建和引领班级家委会的事情上，班主任的作用不容忽视。一个班级就是一艘远航船，班主任就是舵手。这艘船驶向何方，班主任起着举足轻重的作用。当海上起风浪时，教师要及时转舵，保证船上每个人的安全。班主任要敢于承担责任，要相信每个委员的能力，才能让家委会成员放心大胆地工作。班主任只有用自己的人格魅力引领孩子和家长前行，这艘船才能行进得更快更顺利。

我们班级里的家长因孩子的活动而常常聚在一起聊教育，聊读书，渐渐地，很多家长和孩子都成了朋友，大家的感情更深了，再进行什么班级活动也更顺利了。班级管理因家委会的介入而走上了良性循环的道路，班主任的工作也就随之得心应手起来。

四、延伸点评

新手班主任对班级家委会的建立，常有不知如何着手的困难。本文直面问题，从如何选人、如何组织、如何引领三个维度给出了细致的指引，具有很强的操作性，对新老班主任都有参考意义；文中提供的家委会委员申请表、家委会职责与分工，富有示范性和指导意义。

在家委会报名初期，老师们要"眼观六路，耳听八方"。哪些家长适合加入家委会，可以咨询前任班主任、学校德育处、学校家委会会长等。其实学生大多住在学校周边社区，家长们之间很多是熟识的，多打听一下就八九不离十了，这个过程中就会出现几个频繁被推荐的候选人了。

　　需要注意的是，班级家委会的建设是一个动态发展的过程，初建时加入的家委后期可能会由于各种原因退出，也会有熟识后，新的人选加入。班主任要在班级群里适时反馈家委工作的内容，肯定并感谢家委们对班级和孩子做出的贡献。其实家委们收到班上孩子们的感谢会更开心，班主任要引导学生看见班级家委的无私付出，拍一段小视频请孩子说两句感谢的话，或者请孩子写张小卡片等都可以，这对构建和谐班级关系非常有益，对孩子来说也是一种感恩教育。

家访怎样有效进行？

哈尔滨工业大学（深圳）实验学校　孙克珮

一、问题情境

教师家访是增进师生关系，强化家校关系，促进教师、学生和家长之间有效沟通的一种重要教育形式，也是拓宽教师教学视域，使教师深入了解学生在校表现背后故事的一种重要途径。中共中央、国务院印发的《深化新时代教育评价改革总体方案》，明确要求落实中小学教师家访制度，将家校联系情况纳入教师考核，指出教师家访在强化一线学生工作方面的重要作用。

"作为一名新岗班主任，面对几十个孩子已经头大，去学生家里跟家长打交道更是手足无措。怎样获得家长的积极配合呢？家访应该访什么？有没有具体的指引和工具？"

二、问题聚焦

新手班主任在进行家访前，可能会存在以下疑问：

（1）家访的流程是什么？我要做些什么准备呢？

（2）怎样在家访时做到目标明确，逻辑清晰？

（3）如何使自己的家访有体系、成系统，收效佳？

如何让家访工作顺利开展，达到家校真诚协作、互促共进的效果？我来为您支两招。

三、为你支招

（一）家访目的

《广东省中小学教师家访工作指引》中对家访目的是这样叙述的：

通过加强家校合作、畅通家校沟通渠道，建立家校沟通的良性机制，推动学校教育与家庭教育的有机结合，为学生健康成长创建良好环境。具体包括：

（1）了解学生家庭成长环境。

（2）反馈学生在校情况，征求家长意见和建议。

（3）协助家长形成正确的教养方式。

（4）增进家长理解学校和班级的教育理念与方式。

需要注意的是，一次家访不追求面面俱到，需要结合孩子的特点、家庭的特点确定侧重点。但了解孩子的家庭情况、亲子关系，反映孩子在校表现，了解家长的育人理念这些基础交流，即便是第一次走进孩子家里，也是教师应尽力做到的。

（二）家访流程

完备的家访流程包括：策划、准备、访问、反思、改进。在实践中不断总结提升，使家访活动取得实效。

（三）具体操作

1.家访前

事项	内容提示
收集信息	1.学生基本情况。包括个人信息、学习习惯、生活习惯、性格特征、人际交往、兴趣爱好等。 2.家庭主要成员构成。包括家长的学历、职业等。 3.任课老师对学生学科学习等情况的反馈。 4.同学对学生各方面情况的评价。 5.学校办学、班集体建设等需要传递给家长的信息。 6.对于心理异常学生，要提前与心理教师沟通，了解专业建议，必要时可以让心理教师参与家访。

事项	内容提示
明确目的	根据学生特点及家庭现状，确定家访需要重点了解的内容和需要解决的问题。（围绕重点问题，和家长一起研究帮助学生改进的教育方法等。）
编写提纲	编写家访提纲及家庭教育指导要点。根据家访计划，协同科任教师探讨家访的具体内容和策略，提前编制针对性谈话提纲。
提前沟通	1. 提前2—3天与家长进行来访预约，让家长心中有数，做好时间安排。 2. 提前告知学生，让学生了解家访目的，避免产生焦虑担忧情绪。
安全出行	1. 带好家访信息收集表、笔记本等资料。 2. 着装大方得体，可自备鞋套、饮用水等。 3. 合理设计家访路线，注意路途安全，规避风险。

2. 家访时

事项	具体内容	参考提示
仔细观察	1. 观察学生居家环境，如是否有自己的独立空间、是否干净整洁等。 2. 观察家庭成员的相处方式，如对话时的态度、语气、表情等。 3. 观察学生和家长的谈吐、举止、修养等。	对学生居家环境、家庭成员的关系等进行观察，有助于教师对学生的行为表现做归因分析，以及预测家庭状况给学生发展带来的可能影响。
有效沟通	1. 可就学校办学思路、班级管理措施、学生在校表现等进行交流反馈，以赢得家长的理解和支持，形成育人合力。 2. 了解学生居家学习生活的情况、家长对学校和教师的建议等，以便学校和老师为学生和家庭提供更有效的帮助。 3. 了解家长的期许，倾听家长的困惑，并给予一定的专业指导。 4. 收集家长在家庭教育过程中的有效做法和成功经验，以便于积极推广。	1. 沟通内容：应围绕家访目的，突出重点，分清主次，理顺谈话的先后顺序。 2. 沟通方式：以教师阐述的形式介绍学生在校情况；以教师提问、家长解答的方式了解学生居家情况；以双方对话、平等交谈的形式研究改进教育策略；以家长独白的形式讲述其需要表达的信息。 3. 沟通技巧：态度平和，语气亲近，尊重家长的意见和看法，注重倾听，共情家长感受；以表扬鼓励为主，对于学生的不足之处，可以委婉地提出针对性的改进建议，切忌指责家长和孩子，避免"告状式"家访、"惩罚式"家访；围绕核心主题，挖掘深层原因；对于暂时无法回答的问题应记录下来，等了解清楚后再回复。

事项	具体内容	参考提示
教师礼仪	1. 态度友好，言谈亲切，举止大方，切勿居高临下，切勿畏畏缩缩。 2. 不打听家庭隐私，遵守家访纪律。 3. 合理控制家访时长。	教师要通过家访使家长肯定自己的专业性，赢得家长对自身的专业认同；要使家长感受到教师对学生的真诚爱护和关怀，以赢得家长的信任与支持。

3. 家访后

事项	具体内容
归类总结	1. 完成家访信息收集表的填写，有需要重点关注的信息可以在备注中写明。 2. 注意家访信息收集表的分类归档，注意保护家庭隐私。 3. 梳理问题台账，找准解决方案。
协调反馈	1. 根据实际情况，做好与任课老师、心理教师、学校领导等的沟通协同工作。 2. 对家访中答应家长或学生的事要落实反馈。同时，进一步了解家访后家长和学生的变化。 3. 对于家访中发现的问题需要及时上报学校领导。
重点回访	家访要面向全体学生，对情况特殊的学生，如有必要，要做到回访反馈，以便巩固家访效果。

四、暖心资源包

（一）小工具：家访信息收集表

家访信息收集表

姓名		学号		班级			
出生日期		出生地		联系电话			
家访时间		家访形式					
家庭住址							
家庭成员	关系	姓名	年龄	职业	特点	学生对他（她）的喜爱度				
						喜爱	较喜爱	一般	不喜爱	讨厌

续表

父母关系	□婚内同居　□婚内分居　□离异　□再婚　□丧偶			
家庭气氛	□和睦　□一般　□欠和睦　□沉闷　□紧张			
家庭抚养	孩子出生到现在是否和父母在一起？□是　□否 孩子是否隔代抚养？□是　□否			

生理方面	出生史	□早产	□足月	□顺产	□剖腹产	
	疾病史	慢性病 急性病	□心脏系统 □心脏系统	□呼吸系统 □呼吸系统	□消化系统 □消化系统	□其他 □其他
		□身体健康，无相关疾病				
	食欲	□三餐正常	□偏食	□厌食	□暴饮暴食	
	睡眠	□大于9小时	□7-9小时	□小于7小时		
	运动习惯	□经常运动	□偶尔运动	□无运动计划		

社会关系	孩子在家与父母关系如何	□亲密	□一般	□疏远
	孩子与祖辈的关系如何	□亲密	□一般	□疏远
	您孩子是否有亲密好友	□是	□否	
	孩子亲密好友的名字			
	您对孩子朋友的态度	□欢迎来访	□无所谓	□不欢迎　□拒绝来访
	孩子的同学关系	□欢关系融洽	□和小部分同学关系好	□被同学排挤

学习情况	学习态度	
	学习习惯	
	近期学业水平情况	

心理情况	情绪状态（孩子是否有较大的情绪起伏等现象）	
	行为表现（孩子是否有自我伤害等行为）	
	语言表现（孩子是否说过"不想法""活着无趣"之类的话？）	

行为情况	生活习惯（是否存在熬夜、乱花钱等现象）	
	电子游戏（是否存在沉溺电子游戏等现象）	
	电子产品（是否存在依赖手机、平板电脑、电视等现象）	
优点评估		
问题评估		
家长的教育方式		
家长的需求和建议		
教师对家长的建议		
备注		
班主任		存档日期	

（二）有话题：家访各类话题列举

1. 针对学习情况的问题

（1）孩子在家的学习习惯如何？能主动、自觉地学习吗？

（2）当孩子专注学习时，您一般会做什么？当孩子学习注意力不集中时，您一般会怎么做？

（3）您认为家庭有哪些因素会对孩子学习产生积极影响？哪些因素会对孩子学习产生消极影响？

（4）孩子在学习态度上的变化是从什么时候开始的？

（5）孩子在学习上取得进步或发生退步时，您是怎么做的？

2. 针对兴趣特长的问题

（1）孩子对于自己的兴趣特长，能否做到自觉练习呢？

（2）孩子通常是在什么时候练习自己的兴趣特长？

（3）您觉得孩子从自己的兴趣特长里收获到了什么？

（4）您认为孩子对兴趣特长的坚持，会影响学习吗？

3. 针对心理状况的问题

（1）您是否经常与孩子进行深入沟通，了解孩子的内心世界？

（2）当孩子心情有明显起伏时，您一般会做什么？

（3）您认为哪些方式有利于孩子心理健康发展？

（4）您是否阅读或了解孩子心理方面的相关书籍？

4. 针对亲子关系的问题

（1）日常生活中您一般会与孩子交流哪些话题？

（2）孩子是否乐于与您分享各种话题呢？

（3）您会关注孩子的人际交往状况吗？通常孩子结交朋友的类型是什么？您如何看待孩子与其朋友的关系呢？

（4）当孩子要求使用电子设备时，您会怎么处理？

（5）与孩子相处时，您能控制好自己的情绪吗？

（6）您和孩子之间通常会因为什么事情产生冲突？孩子的反应是什么？

（7）孩子遇到事情时通常会向谁求助？

5. 针对突发事件的问题

（1）对于突发事件，您都有哪些处理经验？

（2）您认为都有哪些方面的因素导致这类事情的发生呢？

（3）您认为如何处理这类事才能更有利于孩子的成长？

五、拓展延伸

本文实操性很强，按照家访前、家访时、家访后的顺序给出了详细的说明和具体的内容支持，富有指导意义。班主任可以参考"暖心资源包"设计自己的家访信息收集表、话题清单、家访提纲等。家访的形式可灵活多样——普遍家访与重点家访相结合、随机家访与定期家访相结合、线下家访与线上家访相结合、入户家访和家长到校家访相结合等。本篇目侧重线下上门家访，其实不管是线上还是线下，家访流程和思考关键点是一致的。线上家访更加便捷，但现代化的通信工具并不能替代面对面交流。我们也可以组织住在一个小区的孩子集中在一个家庭访谈，或者组织不同类别的家庭进行互补型家访，比如邀请民主型家庭和专制型家庭一起做家访等。

班主任对学生进行一对一家访的时间成本是比较高的。需要注意的是：特殊孩子、特殊家庭是我们进行班级家访工作规划时首先要考虑的，也是重点回访的对象。《广东省中小学教师家访工作指引》中列出了五类重点关注家庭：特殊家庭（特困、孤儿、病残、单亲、留守、外工、再婚、变故等）；心理异常的学生家庭（抑郁、情绪不稳定、性格孤僻等）；行为异常的学生家庭（谈恋爱、痴迷网络、沉迷游戏、人际关系交往障碍等）；在学习等方面存在问题的学生家庭（学困生、待优生、偏科生等）；涉外家庭（语言沟通不畅、生活不习惯等）。

新老师可能会担心家访过程中出现冷场的情况，其实老师只要讲孩子的在校生活，讲孩子和同学、老师之间的故事，家长都是爱听的。当然，所讲的内容需是经过前期思考和选择的。

家长诉求怎么回应？

深圳大学附属教育集团外国语小学　沈冬妹

一、问题情境

南风效应也称温暖法则，指人际交往中，温和的沟通方式可以让人觉得心里舒适，而冰冷的沟通方式则会让人反感。尊重家长，讲究方法，与家长温和相处，是达成家校共识的关键所在。

在家校沟通中，我们往往会听到一些家长的诉求："老师，帮我家孩子调一下座位呗？""老师，我辅导不了孩子的作业，学习就交给您了！""老师，还是您的话孩子比较听，您帮我给他布置学习任务行吗？"面对家长合理的、不合理的要求，老师该如何回应呢？

二、问题聚焦

老师经常希望家长能理解、配合工作，成为教育的合作者。然而，在家校沟通过程中，老师可能会遇到这些困难：

（1）家长有些诉求并不合理，却希望老师能够满足自己的要求。比如："老师，能不能多给我们家孩子一些锻炼的机会，每堂课都叫他来回答问题？"

（2）当家长的诉求不能得到满足，或对老师的教育观点并不认同，听不进老师的劝告，也就不愿配合老师一起来教育孩子。

（3）有些家长不认可老师，动不动就向学校建议换掉班主任，还想要联合其他家长一起来支持自己的观点。

针对以上难点，如何回应才能赢得家长的信任和支持？我来为您支两招。

三、为你支招

（一）背景调查寻症结

每一位家长诉求的背后，都隐藏着某种期待，期待老师多照顾，期待孩子更完美。其实很多问题的钥匙掌握在家长自己手里，当我们耐心引导家长认识到自己的需求是什么，立足孩子的角度，思考什么样的方式更有利于孩子的成长，症结就能慢慢打开。久而久之，不仅我们的专业性能够赢得家长的认可，也会指引我们更加科学地建立起家校沟通的良好关系。

1. 听懂家长的潜台词

有些家长的诉求是希望家校合作，解决孩子学习或行为方面的问题；有些家长的诉求是希望老师多关注自己的孩子，求重视；有些家长的诉求仅仅源于一种发泄心理，希望老师做一个倾听者，耐心听自己吐槽。了解家长诉求背后的期待，尤为重要。

2. 真诚沟通，坦诚对待

了解了家长诉求背后的期待后，对于合理的需求，我们耐心倾听，站在家长角度思考问题，尊重家长、理解家长，春风化雨般解决孩子成长中的教育问题；对于不合理的需求，我们与家长真诚沟通，坦诚对待。一起分析问题的原因，就事论事，适时提出建议，争取赢得家长的信任，与家长达成教育共识。

3. 团结协作，形成合力

建立本班学生健康心理发展档案，及时记录孩子的情况。定期与任课教师沟通，了解孩子的在校表现。走近孩子，了解孩子，再通过家访活动了解家长对孩子的教育目标和教育期待。

（二）问题分类找方法

1. 将家长诉求进行分类

面对家长的诉求，我们应首先做到耐心倾听，静心思考，将诉求进行分类：

学习类：作业不会写，学习有困难，写作业拖拉，老师能不能放学后帮忙辅导等；

生活类：请老师提醒学生每天喝水，请老师帮忙换衣服、找书本、找文具等；

纠纷类：与同学发生矛盾后不依不饶，希望对方家长出来道歉；

人际关系类：在班级中朋友比较少，希望老师帮助改善人际关系等；

求关照类：调座位，上课多提问，活动多照顾，事事有优先权等。

2. 梳理家长诉求清单

家长诉求清单

序号	学生姓名	家长诉求	产生原因分析	诉求类型
1	李小童	希望老师严格要求孩子，帮助孩子取得更大进步	学生在家表现没有在校积极，作业完成质量不佳	学习类
2	杜小月	孩子每天在学校不喝水，经常咳嗽	孩子在家，妈妈照顾事无巨细，在校生活各种担心	生活类
3	宋晓美	与同桌发生矛盾，经常被同学欺负	总是觉得自己孩子弱小，怕在校被其他同学欺负，一旦得知与同学有矛盾，不依不饶	纠纷类
4	刘小新	孩子胆子小，朋友少，希望老师帮忙改善人际关系	孩子性格有些内向，不愿回家讲述校园生活，妈妈希望通过他的朋友，侧面了解孩子在校过得怎么样	人际关系类
5	张小谷	我们家孩子最喜欢老师的表扬，老师您上课多提问，活动多叫他，好好锻炼一下他	家长花式"求关注"的背后，无疑是希望自己的孩子受到老师更多的关照。说到底，这是一种教育焦虑症	求关照类

3. 建立家长诉求解决方案台账

家长诉求清单解决方案台账

班级：二（6）学堂　　　**班主任：沈老师**　　　**时间：2022年1月11日**

序号	学生姓名	家长诉求	问题解决方案及措施	整改效果及反馈
1	李小童	希望老师严格要求孩子，帮助孩子取得更大进步	与孩子沟通，制订学习计划，在家自觉完成作业；与父母沟通，达成教育共识，与老师要求一致，共同关注孩子的学习状态	孩子在家完成作业逐渐变得自觉，家长很开心

序号	学生姓名	家长诉求	问题解决方案及措施	整改效果及反馈
2	杜小月	孩子每天在学校不喝水，经常咳嗽	建立同伴互助小组，请同学提醒孩子每天课间喝水。每周挑战独立完成一项任务，逐步培养孩子生活自主能力	孩子自从当上班级桌椅管理员，责任心和自主能力有很大提高
3	宋晓美	与同桌发生矛盾，经常被同学欺负	召开主题班会，讨论如何与同学和睦相处	班级课间同学和谐相处，文明游戏，打架事件明显减少
4	刘小新	孩子胆子小，朋友少，希望老师帮忙改善人际关系	在班级开展一些团建活动，分小组开展学习活动	小新的朋友越来越多，他也逐渐变得开朗起来
5	张小谷	我们家孩子最喜欢老师的表扬，老师您上课多提问，活动多叫他，好好锻炼一下他	与孩子多沟通，机会人人均等，学会礼让，为他人着想	通过孩子讲述每天在校的学习生活，父母无礼的要求逐渐减少，对老师越来越信任

四、暖心资源包

1. 解决各类家长诉求的建议

学习类诉求：深入了解，从学生角度出发，制订合理有效的学习计划。主动与家长沟通，有针对性地管理好学生的学习时间，加强对学生学习的监督检查与反馈。家长与老师达成教育共识，要求一致，共同关注学生的学习状态，及时鼓励。

生活类诉求：在家培养学生的独立自主能力，充分信任他，让他独立完成一些事情，在他完成后，给予他认可和鼓励。同时，分派一些家务，让他在生活实际中学习一些基本的生活技能，同时培养责任感。在校成立同伴互助小组，通过同伴的榜样作用，逐步探索独立完成事情的方法。

纠纷类诉求：发生矛盾后，最重要的是还原事实，就事论事。老师应处理好同学之间、家长之间的矛盾，做好沟通的桥梁，使同伴之间、家长之间、家校之间消除隔阂，建立信任，化解矛盾。

人际关系类诉求：以丰富多彩的班级活动为载体，开展团建、破冰等活动，使学生愿意打开自己，结交朋友，建立友谊。

求关照类诉求：邀请家长来校体验孩子在校的一日学习生活，家长既可以看到孩子在校表现，又可以看到老师的辛苦。对于合理范围内的关照，教师热情回应，及时反馈孩子。当双方足够了解和信任后，家长自然不会再提过多要求。

2. 建立"吐槽吧"

制作一个小信箱，命名为"吐槽吧"，邀请家长来吐槽。吐槽可以针对教学、班级管理、学校活动等，采用无记名方式，把吐槽内容投进"吐槽箱"中。通过无所顾忌、畅所欲言的吐槽，老师可以聆听家长心声，及时发现问题，给予回应。

综上所述，认真对待家长的每一个诉求，尊重家长，讲究方法，与家长坦诚相待，是达成家校共识的关键所在。

五、延伸点评

本文"问题聚焦"中出现的情况，新老班主任都会遇到。作者贯穿始终的思考方式让人欣赏：不纠结问题，而关注问题背后未解决的需求。本文从背景调查寻症结、问题分类找方法、建立解决方案台账三个维度进行思考，分析问题产生的原因。从作者的解决方案中可以看出，作者把孩子的问题放在同伴、集体、家校的体系中去改善，这也是值得我们学习的。

解决家长诉求，班主任并不是孤身面对。家校间有误解，或者同学之间产生了矛盾，当家长比较情绪化时有可能把老师放在对立面。这时班主任要发挥家委会的作用，都是家长的身份，有些事情家委会去化解会顺利许多。

孩子成长进步，是家长和老师共同的目标，家长产生诉求时，老师需要引导家长思考：到底怎么做才真正有利于孩子的进步，接着制订计划，给家长行动指引和信心，相信通过共同努力，孩子一定能取得进步，家长诉求也能得到解决。

生 生 互 动

　　生生携手，生生互动是孩子成长路上最温暖的记忆。朋辈给予的力量让孩子拥有了向前冲的信念，因为有朋辈的陪伴，成长的路上便不再孤单。

班级事务中怎样进行生生协同？

深圳市蛇口育才教育集团育才中学　张自明

一、问题情境

苏霍姆林斯基认为：班集体不同于班级，班集体不是人员的简单组合，而是相互间的有机融合，是在此基础上形成的不可分割的整体，好比是"由千万条溪流汇合成的江河"。

"为什么管理中，我的班干部不是胡乱指挥就是不闻不问？为什么活动中，我的班级总是懒懒散散如同一盘散沙？为什么生活中，我班里的同学总因为一点小矛盾就引发大问题？"

二、问题聚焦

新岗班主任，往往缺少对班级的全面统筹、系统规划，导致出现以下问题：

（1）简单地将班主任个人意愿上升为班级整体目标，学生间缺少共识，各方不能形成合力。

（2）分配任务时权责失衡，学生行动缺少切实可行的规范。

（3）日常工作中沟通不畅，导致班级出现问题时，教师不能及时指导学生做出有效反应。

那么，如何选好、用好班干部，实现班级事务中的生生协同？来看为你支招。

三、为你支招

（一）民主是团队协同的基础

班级管理民主化可以增强师生的主人翁意识，把承担责任当作光荣使命，从而更好地统筹兼顾、凝聚力量。

1. 用民主方式产生班级愿景

班级愿景，是班级全体成员根据当前班级条件、价值取向等因素生成的，愿意共同为之奋斗且希望其达成的目标。在民主的前提下，明确班级愿景的途径是丰富而灵活的，比如问卷调查、分组讨论、主题班会沙龙，等等。在同学们充分讨论之后，可以对主流观点进行概括、提炼、总结，用口号、班训、班徽等方式将其具象化，成为全体班级成员共同努力的方向。

2. 用民主方式明确班级规则

班级规则，应当是以校规校纪作依据，基于班级愿景做特性化的补充。对规定事项及相应措施应进行充分讨论（也可以通过辩论等方式进行深度剖析）后整理成文、制订成表，让同学参与班级管理时有章可循、有据可依。

3. 用民主方式确定班级分工

班级分工，一方面争取"事事有人做，人人有事做"；另一方面尽量展学生之长，避学生之短。在选拔任命过程中，注意自荐与他荐相结合、民主与集中相结合、个人意愿与集体需要相结合。在分工明确后，班主任应通过定期的班干部集体座谈和单独谈话，不断为班干部提供针对性指导。

（二）科学是团队协同的保障

要使班级管理中的生生协同科学，就必须尊重学生的个性，尊重教育规律，做到一切从实际出发，实事求是。

1. 用科学方式制订计划

凡事预则立，不预则废，班级管理也是如此。在班级分工明确之后，应由各项事务的负责人牵头制订相关计划，并在公示、讨论后形成班级总体日程安排，使全体同学对班级事务心中有数、增进互信，提升班级整体行动力。

2. 用科学方式推动落实

班级制订的一日常规等班规，不仅仅是挂在墙上，更重要的是检查和监督。每名学生既是班规的制订者、执行者，又是检查和监督者，通过自检、互检、班干部检查、班集体检查、班主任检查等多种方式进行。各种检查互相联系，互相制约，确保检查工作到位。

3. 用科学方式灵活调整

班级管理、生生协同是一个动态的过程，在计划实施的过程中，出现问题与变化时，及时做出相应的调整——整体动力不足时调整目标，个体间摩擦增多时调整规则，局部问题突出时调整人员。各项调整应遵循个体利益服从集体利益的原则，做到事前有铺垫、事后有跟进。

（三）成长是团队协同的指向

无论是班级这一组织形式的存在，还是生生协同这一方式的使用，都是以促进学生成长为目的。这里所说的成长，是每一个班级成员在努力之后收获的进步。

1. 用最近发展区理论把握节奏

当我们用前文所述的民主、科学的方式营造了生生协同的整体环境后，我们还应当为每一个班级成员梳理自身的兴趣、能力、现阶段发展状况及长远发展目标，推动每位学生突破自身舒适区，不断迈向成长区，并规避可能暂时无法胜任的危险区。这样个性化目标的制订，有助于学生带着目标感投入到班级生活中，为班级建设提供动力。

2. 用成长型思维坚定信念

班级成员彼此不同，该如何彼此接纳，协同发展？成长型思维提供的方案是用发展的眼光看待彼此、平等地对待每一位伙伴。具体到日常互动中，应当鼓励同学看到努力的作用而不夸大天赋的影响；应当更多地表扬努力的过程而不是成功的结果。用成长型思维推进团队协同，有助于提供良好的舆论环境与行动支持，促进班集体持久发展。

四、暖心资源包

成长型思维清单列表

如果我再遇到之前的问题，那么我可以……		
焦虑的内容	什么阻止了我的行动	如何修复我的行动
1.	1.	1
2.	2.	2.

......	......	......
没有采取行动的后果		
情绪方面	身体方面	学业方面
1. 半学期后	1. 半学期后	1. 半学期后
2. 一学期后	2. 一学期后	2. 一学期后
3. 一年以后	3. 一年以后	3. 一年以后
4. 三年以后	4. 三年以后	4. 三年以后
采取行动后可能带来的好处		
情绪方面	身体方面	学业方面
1. 半学期后	1. 半学期后	1. 半学期后
2. 一学期后	2. 一学期后	2. 一学期后
3. 一年以后	3. 一年以后	3. 一年以后
4. 三年以后	4. 三年以后	4. 三年以后

五、延伸点评

本文通过"问题聚焦"凸显了班级事务中学生之间协作的重要性，并围绕民主、科学、成长三个关键词给出新岗班主任努力的方向，并从班级愿景、班级规划、班级分工、工作规划与落实、心理调适等维度给出具体建议；"暖心资源包"里的《成长型思维清单列表》也富有创意和指导性，对新岗班主任有一定的参考价值。

新岗班主任们在借鉴本文时，还需注意根据学生的学段特点，设定适合学生的成长目标和最近发展区。比如小学中低年级可设立与同学开心交往为成长目标，而高年级可设立提升合作能力为成长目标，初中生可设立正确看待他人身上的优缺点为成长目标，高中生可设立能够包容不完美的他人为成长目标。

本文适用于新组建班级的第一学期，如果在后面的学期中出现了生生协作不畅的问题，则需要班主任通过模拟法庭、辩论吧等形式，对班级近期发生的事情进行有针对性的讨论，让孩子们在讨论中感悟，在感悟中明理，从而获得成长。

活动参与中怎样推进生生合作？

深圳市南山区南油小学　杨　秘

一、问题情境

著名的教育家马卡连柯说过："即使是最好的儿童，如果生活在组织不好的集体里，也会很快变成一群小野兽。"作为一名班主任，我自然意识到良好的集体生活有利于学生的身心发展。在这个共同生活、学习的团体中，如何开展有效的集体活动，增强学生之间的合作力，是班主任需要思考的问题。

"作为新岗班主任，本想通过准备运动会开幕式节目，锻炼学生的合作能力。但是活动尚在准备阶段，就引发了班级矛盾。有的同学想表演韩舞，有的同学想表演诗朗诵，还有的同学只想敷衍了事，不愿参与其中。学生之间均不妥协，甚至还互相攻击，引起了更大的冲突。"运动会开幕式将近，这样的情况让我十分懊恼。

二、问题聚焦

初次当班主任，面对这样的问题，经验不足，如果不能理智地分析情况以及有条理地采取相应的措施，可能会遇到以下问题。

（1）学生主观能动性难以调动，部分同学不愿参与集体活动。

（2）学生的诉求多样化、不好满足，且班主任老师在协调学生意见时缺少方法。

（3）活动目的难以落到实处，活动效果不及老师预期。

活动参与中怎样推进生生合作？我这样为你支招。

三、为你支招

（一）活动准备完善化，集体目标寻一致

1. 提前落实"三了解"

（1）了解活动：充分了解活动的各项要求，如：活动场地、活动内容、活动项目、评比规则，做到对活动详情了如指掌。细致地讲解活动安排，从容地应答学生问题，更容易引起学生对活动的重视。

（2）了解学生：通过家访、问卷星、建立学生档案等形式，充分了解学生对该班级活动的期待和真实想法，了解学生对参加班级活动的各项需求，让学生感到被关注、被尊重、被理解。

（3）生生了解：班主任在了解学生的基础上，通过小游戏帮助学生相互了解，培养学生的共情力和同理心。比如：绘制心愿树。班主任提前准备一张绘有心愿树的白纸。学生可以将自己对活动的想法及理由写在心愿树上。等全班同学全部发表意见后，在班级展示心愿树。此举不仅能够培养集体凝聚力，也为增进学生在活动中的合作做好铺垫。

2. 制订方案求统一

（1）确定方案：通过公开竞选、班级论坛、民主投票等形式，引导学生在充分了解其他同学的想法的基础上，从集体出发，选择出最优方案。

（2）求同存异：确定方案后，及时疏导落选学生的情绪。通过班主任信箱、"一对一"谈话等方式，肯定落选学生的表现，鼓励学生以其他形式参与到集体活动中，并给学生提供其他展示才能的平台，以此保护学生的自尊心，提高参与活动的积极性。

3. 树立愿景望未来

（1）开展班会：班主任老师通过班会帮助学生树立对该活动的美好愿景，并激发学生参与活动的积极性。

（2）才艺展示：班主任也可以鼓励学生通过写作、绘画、舞蹈、小品等多元方式表达对该活动的向往，为学生表达诉求搭建多元平台。

（3）家校共愿：班主任可以引导家长加强对该活动的关注，并将家长的

憧憬或愿望录制成视频，向学生们展映。通过家长的鼓励，增强学生在此次活动中的信心，充分调动参与积极性。

（二）活动分工明确化，各司其职展才能

1. 小组合作责任制

为提高合作效率，减少分歧，班主任在落实活动方案时，可以采用小组合作责任制细化活动分工：让学生以小组为单位领取活动任务，并选取一名小组长统筹管理小组行动。班主任老师负责督促整体工作。在进行分工时，应充分考虑各个学生的特点，对于不合理不恰当的任务安排，应引导学生及时做出调整。

2. 民主岗位尽量多

在现有的小组基础之上，班主任可以大力支持学生自主成立其他服务小组，发挥学生的主观能动性。比如，在运动会中，除去已有的活动准备组、后勤服务组、形象宣传组，还可以成立医疗救助小组，以及校园环境保护小组等。鼓励学生以多种形式参与到集体活动中。

3. 教师辅助不可少

班主任需要及时关注小组内、组与组之间学生的关系，并及时解决矛盾。同时，经常性鼓励学生在班级活动中各展所长，互相配合，增强学生的合作意识。

（三）活动反思详细化，延伸活动促完善

如王怀玉老师所说："无论是校级常规活动还是班级特色活动，要想持续发展，自然离不开延伸性价值开发。"活动结束后应该及时总结成果，鼓励组织者与参与者分享活动经验。从合作成果的分享到合作意识的培养，从横向的生生合作到纵向的生生合作。

一次活动，班主任很难同时满足每个人的愿望，但可以通过开展延伸性活动，尽量回应所有学生的诉求和需要。比如：校级运动会参与项目的人数有限，可以联合其他班级组织趣味运动会，增设项目，不限人数。

以发展的眼光看待问题，以理性的思维处理问题，以合理的方式解决问

题是班主任应具备的素质，通过这样的方式，不仅弥补了学生心中的遗憾，而且加强了集体之间的默契，深化了学生之间的感情，促进了生生合作。

四、暖心资源包

关于延伸性活动的补充，可以关注"南山妇联幸福荟"公众号。

五、延伸点评

本文就活动过程中的生生合作展开讨论，在"归因分析"中将不同角度的多种可能性进行了分类列举，又在"为你支招"环节详述了活动前、中、后优化活动效果的原则与措施，为新岗班主任提供了有效的行动指导。

本文对班级活动的分析具有普遍性，而教师在具体工作中应当结合学段学情、活动的目的与形式灵活运用文中所述原则、方法，做到手段服务于目的，活动服务于教育。

班集体发展过程中穿插着多种多样的主题活动，这些活动发挥着不同的作用，或凝聚团队、或激发动力、或展示风貌、或陶冶情操，班主任在组织活动的过程中，应当注意将学生特点与活动特点相结合，既避免活动的千篇一律，也为更多学生成长提供平台。

日常交往中，生生接纳怎么做？

深圳市博伦职业技术学校　肖　娟

一、问题情境

群体行为理论指出："出于生存的需要，人都不喜欢孤身一人，他们只有在归属于某个群体组织，获得情感上的交流和同伴的支持和理解后，才会感到踏实和安心。"心理相容，彼此悦纳，个人与集体方能相得益彰，共同成长。

"班级里小红、小芳等四人组成了班级里格格不入的小团体，四人如同连体婴，上课传纸条，自习课说小话，对班级事务没有积极性甚至抱团唱反调，同学们意见很大。""小天不仅性格孤僻不爱说话，还不讲个人卫生，座位和床铺总是乱糟糟的，大家都不想和他做同桌，也不想和他一个宿舍。"

二、问题聚焦

由于初次做班主任经验不足，在生生接纳方面，可能需要了解如下方面内容：

（1）如何快速梳理出集体价值观，形成集体愿景，生发价值认同。

（2）如何搭设平台，规划路径，让学生个体价值感在班级中得以体现。

（3）如何帮助游离于集体之外的个别学生、团体融入集体。

如何有效促进生生融合，共建温暖和谐班集体？我为你支招。

三、为你支招

（一）以灯塔效应，共商成长愿景

"大家的共同目标是一个有意识地选择并能表达出来的方向，它运用团队成员的才能和能力，促进组织的发展，使团队成员有一种成就感。"开学第一个月是每学期工作开展的关键期，第一个月要尽快梳理出班集体的成长愿景，并围绕此愿景进行班集体顶层设计。确定集体愿景从以下几方面着手。

1. 学情调查分析

开学第一天就让学生、家长填写《学生情况调查表》，了解学生基本情况，并及时进行情况梳理，建立学生个人档案。

2. 认同教育理念

和学生一起了解学校的校风、校训、培养目标，了解班主任教育理念、过往带班的高光时刻。

3. 协定成长愿景

群策群议，民主协商，确定班级成长愿景，每个人都是班级成长愿景的责任人。

（二）以巧妙引导，强化正式群体

班级存在正式群体和若干非正式群体，班主任要因材施教，唤醒群体合作意识，引领群体发展与班级发展同向同行，促进学生融合。具体方法如下：

（1）成长分析。分析群体成长愿景，分析群体成员成长愿景及其长处与不足，鼓舞学生树立信心。引导学生将个人成长愿景融入班级成长愿景，群体关键成员在思想上与班集体保持一致。

（2）支持积极型非正式群体。支持鼓励，强化积极型非正式群体的作用，鼓励引导该群体核心人物发挥头羊领导力，服务班集体，为其他群体做出表率。

（3）引导中间型非正式群体。该群体学生大多具有从众心理，所以应积极关注此类型学生动向，发扬学生特长，以积极影响力激发学生成功欲，引导其积极发展。很多被排挤冷落的学生属于本类型沉默的大多数，尤其需要鼓励，引导学生向阳生长。

（4）转变消极型非正式群体。悦纳理解，建立学生之间的情感连接，建立信任。加强规则教育和价值观教育，使学生将集体荣誉放在心上，不为班级荣誉抹黑；搭建平台，发挥群体积极作用，帮扶该类型群体的转变。

（5）正式群体是班级主流，也是班级管理的正确导向，应坚持正式群体发展，巧妙引导非正式群体融入，不断巩固并扩大正式群体。

（三）以多彩活动，搭建融合媒介

根据班级学情，开展丰富充实的班级活动，打破团体壁垒，促进学生交流融合，全班抱"团"成长，如开展摄影展、书法展、绘画展等展览，组织跳绳、跑步等比赛，班级开展集体生日会、赞美三部曲等活动。在多彩活动中，学生逐渐认同彼此，发现他人优点，增进友谊，培养团队协作意识，增强集体荣誉感，班级凝聚力由此得到增强。

（四）以方法技巧，促进理解悦纳

通过主题班会、专题讲座等形式，普及交往方法和技巧，提升学生交往能力。鼓励学生使用善意语言，尊重他人；鼓励学生学会倾听，善于倾听别人的想法和意见；科学沟通，控制情绪。

（五）以班级文化，共建精神家园

以生为本，打造特色班级文化，满足学生个性发展，使班级成为学生成长的精神家园。"面向人人，人人发展"，鼓励学生积极参与到班级文化建设中来，营造和谐融洽的班级氛围，形成良好班风，提升班级育人效果，促进生生融合。

四、暖心资源包

深圳市博伦职业技术学校六一儿童节专场班级集体活动方案。可关注深圳市肖娟名班主任工作室微信公众号，查看更多精彩内容。

五、延伸点评

本文开篇将目光投于班级小群体和游离于主流之外的个别学生，分析不同现象存在的共性原因，将问题聚焦于生生接纳中的价值认同、平台搭建、集体融合，应用心理学、教育学相关理论原理从分析学情出发，着手生成目标，进而打破壁垒、不断强化联系最终指向良好班风的形成、生生融合的实现。

日常交往中的生生接纳问题，广泛存在于教育教学的各个阶段、各个环节、各个领域，所呈现的类型也是多种多样的。本文所提供的通过班级建设提升集体凝聚力，进而带动生生接纳，是解决相关问题的典型思路和有效手段，而在具体工作中，问题成因往往更复杂，需要教师结合不同学段的心理发展特征及学生的具体情况进行针对性的分析与指导。

生生接纳问题的解决往往不能一蹴而就，需要在日常工作中长期跟进解决，为了达成以上目标，需要班主任系统、长期地看待问题。"暖心资源包"中提供的相关材料，有助于教师构建相关思维框架，更好地助力学生长期发展。

学习小组中怎样实现生生互动？

深圳市南山区香山里小学　袁亚玲

一、问题情境

小组合作，有利于提高学生学习的主动性和积极性，有利于培养学生的协作精神和创新精神。然而课堂教学中的小组合作学习环节往往存在注重形式、忽视实质、缺乏实效的现象。

"我不喜欢现在的小组，我一直想跟小军一组，可是每次都没跟他分在一起。""在小组互动时，大家都不听我的，有人东张西望，有人趁机玩，有人说与主题无关的话。""学习小组不是互帮互助吗，可是课下寻求帮助，其他成员根本不予理会。"

二、问题聚焦

由于初次做班主任经验不足，教学实战少，在小组合作的实操中，可能会遇到这些困惑：

（1）怎样成立学习小组，分组依据是什么？

（2）学习小组怎样调动每个学生的积极性？

（3）学习小组如何在课堂外的时间持续发挥作用？

针对以上难点，来看为你支招。

三、为你支招

（一）科学分组是有效互动的前提

万事开头难，小组合作的第一步是合理分配成员。分组的方式有多种，视教学目标与教育目的适当选择，及时调整。

1. 组内同质

共同的成长愿景有利于内驱力的激发。分组以尊重学生的主观意愿为前提，会减少组内生生互动中的阻力。因此，教师在分组过程中，以自愿组合为基础，再根据实际情况做出科学合理的微调。有了志同道合的组员互助，组内共同愿景的形成才会更加顺利，也就是组内同质。

2. 差异隐藏

小组内部的分配是有技巧的。不同学段、不同学科、不同的教学目标选择不同的分组形式是很有必要的。新岗教师接触的多是低年级，低年级语文学习的重中之重是识字，识字教学可以使用差异隐藏的分组方法，小组中保证有一个是识字能力相对强，有一个是识字量相对少的。这样的分配使得在各种识字游戏与组内互查的过程中，保证最少有一位小老师带领。但是这种差异搭配不能告诉学生，这样既不会让学生意识到差异存在，又能保证本组在学习中可以实现问题的解决，从而在长期的小组合作学习中实现共同识字的目标。

3. 内部异质

根据课程目标不同按照学生的优势智能分配小组可以有效促进成员间的互动，也就是合作学习中的异质小组。它是根据学生的性别、个性特点与优势智能等方面的合理差异而建立的。组内异质为小组成员的互助合作奠定基础，这种分组机制使得学生既能实现组内互助，又能开展组间竞争，充分地利用了人际交往中的合作与竞争两个方面，保障生生有效互动。

（二）多元激励是生生互动的手段

1. 全员评价

除了教师评价，加强自评、互评，乃至家长评，使评价成为共同参与的交互活动，也就是全员评价。在生生互动时，我们常看到活跃度高的个体在发言互动，导致个体意见代替了全组成员的意见，而其他成员由于参与度不高、习惯性地自我放弃，处于被动地位。这样学生之间并没有进行真正的互动，并不利于全体学生的全面发展。因此，为了让每一位学生真正参与到合作学习、生生互动中去，教师有必要关注合作中的弱势群体。在生生互动时，可赋予弱势群体优先提问、优先发言、优先评价等特权，必要时降低要求，允许浅层次的互动交流，让每一位成员都参与到小组评价中，树立主人翁意识，从而产生参与的热情和互动的欲望。

2. 独立学习

在小组合作的过程中，必须保证个体有足够的独立学习时间。只有在个体对合作任务有了自己的认识和了解后，才能促进合作学习中生生之间的有效沟通和互动。合作学习中的互动应当是一个完整的"独立—合作—深层次独立"的合作学习流程。合作后的个体深层次独立，是学习者消化吸收、享用合作学习成果的过程。此外，有些组员在参与中畏难懈怠、参与度不高，很大程度是独立学习这个环节疏忽了。具有充分的合作前准备才能保证团体合作时的各显神通与生生互动。

3. 多元评价

教育部《基础教育课程改革纲要》明确提出要"建立促进学生全面发展的评价体系。评价不仅要关注学业成绩，而且要发现和发展学生多方面的潜能，了解学生发展中的需求，帮助学生认识自我，建立自信。发挥评价的教育功能，促进学生在原有水平上的发展"。

在合作学习的评价中，教师应该将评价标准多元化，不局限于单方面的肯定与赞许。教师在学科教学中应该结合自己所教学科的特点，以促进学生多种智能发展为目标，设计出多层面、多维度的评价方案。在班主任日常管理中，也绝不能用单一的标准去衡量学生发展水平的高低。班主任要善于发现每一个学生的优势，利用多元评价体系挖掘每一个学生的潜力。

（三）学生成长共同体是学习小组的延伸

小组合作学习存在一定的局限——课上合作课下散，课余的时间没有组织，不利于学生共同进步成长。在实践中，有必要成立一个组织，保证可以从课堂延伸到课外，成为一个互助共进的学习生活单位，也就是"学生成长共同体"。

只有通过建立学习共同体，共享集体智慧，才可能顺利发展完善自己。作为这样一个合作、相互依赖、共同发展的系统，对于师生双方的共同成长有不可替代的促进作用，是师生获得健康持续成长的保证。

四、暖心资源包

随着自媒体的迅速发展，很多班主任将教育随笔和育人妙招在公众号上发表，让更多人受益，建议大家多关注此类公众号，以获取更多育人经验。

五、延伸点评

本文着眼小组合作的典型情景，聚焦于小组的成立、调动和延伸，为新岗班主任组织小组合作学习明确了科学的分组原则、介绍了多元的激励手段、分析了小组延伸的方向。配合"暖心资源包"中的资料，对专项问题从大处着眼，小处着手，理论与实操相辅相成，具有很高的参考价值。

小组合作学习是各学段广泛采用的教学方法，本文所讨论的小组学习相关问题更多立足于普遍情况，在我们的实际工作中，小组合作学习的应用还有很多变式，如多学科交叉分组、班级分组学习与分组管理相结合等形式。班主任在实际工作中，应具体分析班情、学情，灵活运用不同形式的小组合作学习。

本文为新岗班主任应用小组合作学习提供了基本指导，随着教育工作的深入开展，育人目标的提升，小组合作学习的深刻内涵值得被我们进一步研究与应用，多元智能、平行教育、团体动力学等理论的学习，有助于我们更好地打造学习共同体，提升工作质效。

师 生 关 系

瑞士教育家裴斯泰洛齐（1846—1827）曾说："每一种好的教育都要求用母亲般的眼睛时时刻刻准确无误地从孩子的眼、嘴、额的动作来了解他内心情绪的每一种变化。"师生关系的建立是从爱开始的，学会用孩子感受得到的方式给予爱，理解后靠近，靠近后温暖，让师生之情焕发光彩。

班主任怎样实现角色认同？

深圳市南山区文理实验学校（集团）文理学校　钱明钰

一、问题情境

北京师范大学发展心理研究所所长申继亮教授认为，职业认同正在成为教师能否实现自我成长的内在动力。对于班主任尤其如此。"教师职业是一个特殊的职业，它不仅关乎教师自身的未来发展，对学生未来的影响更是长远而不可逆的，所以尤其需要建构坚实的职业认同"，这里的职业认同也就是本文提到的角色认同。

"每天都要处理好多事情，学生突发性的问题让我容易变得焦虑、暴躁，急于把问题迅速解决掉。当一些问题没有得到及时有效的解决时，我会感到痛苦，觉得自身经验与能力严重不足，进行自我否定，很想退缩，不想做班主任了。"

二、问题聚焦

由于初次做班主任，很多人对班主任的角色和主要任务比较迷茫，可能会遇到这些困难：

（1）班主任工作杂乱且处理突发性问题居多，担任的角色多且工作压力大。

（2）班级学生问题层出不穷，缺乏管理方法，耗费大量精力，工作满意度低。

（3）班级管理涉及多重关系，与学生、家长沟通效果不好，班主任情绪不稳定。

三、为你支招

（一）全面了解班主任工作并积极进行角色的转化

在班级管理中，班主任不仅要允许学生有多样性，更要促进学生多样性发展。班主任的角色是多元的，角色内涵是丰富的：是组织者、管理者、父母代理人、学生的朋友与知己、学生人际交往的指导者、学生心理健康发展的咨询者等。

（1）班主任应走进班级活动中，成为班级活动的参与者，与学生平等相处，相互作用，实现班级管理的多样性，营造良好的班级环境。

（2）班主任要充分认识到班主任工作的创造性与复杂性，把工作重心放在了解研究学生，根据学生的心理特点采取行之有效的德育方法上，用最少的时间、精力去获得最佳的教育教学效果，实现德育过程的最优化。

（3）班主任要转变将追求少数尖子生的高分和升学率作为目标的思想，致力于开发全体学生的潜智、潜能、潜质，给个性不同的学生以充分表现特殊才能的均等机遇和平等权利，将"为考试而教"转变到"为创造而教"这一价值立足点上来，充分尊重学生，促进学生全面发展。

（二）走专业学习与发展之路，提高专业能力

1. 精准落实班主任工作清单

合理制订工作计划与安排，有序、有重点地落实清单任务。提高洞察力，跟踪及检查清单的落实情况，确保工作高效高质地完成。

2. 积极加入班主任学习共同体，促进个人成长

（1）班主任要加强教育学、心理学等理论学习。理论指导实践，无数教育家、优秀的班主任留下的经验方法对于初任的班主任是非常重要的指导秘籍。

（2）参加线上线下班主任研修课程，提高班主任对日常工作的专业度。

（3）对日常出现的问题不排斥，持有平常心，要有"问题即课题"意识。积极主动地对问题进行探索和研究，自觉提高自身班级管理能力和研究能

力，增强自我效能感。

（三）学会自我关怀，提高职业认同感和幸福感

1. 班主任要学会压力管理

（1）初做班主任，面对班级管理问题，往往无从下手，压力重重。因此，应注意劳逸结合，安排规律作息。精力充沛的班主任更具有活力，也能灵活应对问题。

（2）每天制作工作清单，有序、高效地完成每天的事项，收获成就感。

2. 班主任要学会情绪管理

作为职业压力比较大的班主任们，尤其要对自己的情绪进行及时洞察和内观，并分析情绪背后的原因，以便更好地处理自己的情绪问题并高效地适应本职工作。同时也可以通过一些措施来调节自己的压力，如定时运动、培养爱好、找人倾诉等。

3. 班主任要提高自我效能感

（1）要尝试用不同的教学方法或者教学活动，如户外班会课、与众不同的生日会等。开展教学创新实践是教师获得自我效能感的一种最基本、最重要的途径。

（2）及时反思班主任工作，正确归因。心理学研究表明，人们对自身行为进行正确的归因有助于个体自信心的发展和个体自我效能的提高，同时，班主任要学会使用成长型思维思考问题。

4. 班主任要学会沟通

（1）学会倾听。倾听是沟通的第一步，听学生反馈的具体内容，其次看学生沟通时的情绪，最关键的是听到学生的需求并给出积极回应。这样不仅能满足学生自我表达的需要，也让他们感到了被尊重和认可，拉近彼此关系。

（2）学会共情。同理心是实现高效沟通的关键。站在别人的立场上，感同身受，设身处地为别人着想，这是班主任必备的品质。

（3）学会必要的沟通技巧。非暴力沟通技巧是沟通中必要的。班主任

要学会用客观的、非评价性的语言和学生沟通问题，回避不必要的矛盾。同时，多使用接纳性和鼓励性的语言，少用批评、责备或者学生难以接受的语言。

四、暖心资源包

订阅一些颇具指导性的名班主任微信公众号，方便班主任的日常学习，让学习实时更新。如，广东省王怀玉名班主任工作室、曾澄福名班主任工作室 2 期、王玉石名班主任工作室等。

五、延伸点评

本文初步探讨了新岗班主任初期的内心建设，围绕班主任怎样实现角色认同的话题，通过"问题聚焦"阐述了新岗班主任实现角色认同的重要性；从全面了解班主任工作并积极进行角色转化，走专业学习与发展之路并提高专业能力，学会自我关怀并提高职业认同感和幸福感三个维度给出具体建议，操作性强；辅以"暖心资源包"介绍新岗班主任的专业学习之路，富有示范性和指导性，很有参考价值。

本文具有通识性意义，班主任在班级管理中的角色需根据班级实际情况进行调整，比如小学初始年级要承担的角色更多地是父母代理人、学生的朋友等，而中高段的班主任角色则是心理咨询师、家庭教育指导师、职业规划师等。

本文适用于新岗班主任最初的专业成长，随着日常工作的娴熟和精进，可通过课题研究、论文撰写、名师工作室等多种形式总结和提升。

如何与学生沟通？

深圳大学附属教育集团外国语小学　郎丰颖

一、问题情境

俄国教育家乌申斯基（1824—1871）曾说过："如果教育家希望从一切方面去教育人，那么就首先从一切方面去了解人。"而最能准确地探及学生内心的方式便是教师与学生进行直接有效的沟通。所谓有效的沟通，就是指老师通过各种方式把自己的观点或者想法，准确、恰当地表达出来，促使学生接受，达到教育目的。

"凡是当老师的，谁能不遇见几个不服管的学生？其实，在与这样的学生沟通的过程中，师生双方都经历着丰富的心理活动，时而和谐，时而交锋；时而坦诚相见，时而拉起心理警戒线……"

二、问题聚焦

由于无法走进孩子内心，学生之间、师生之间、家校之间，可能会遇到以下困难：

（1）因无法了解学生内心真实想法，导致个别孩子对班集体感受缺失，与老师存在误解，逐渐疏远。

（2）学生之间产生纠纷矛盾，互不相让，长期积怨，治标不治本。

（3）家长和老师之间信息不对称，易引发家校信任危机。

三、为你支招

（一）用理解和尊重搭建沟通的桥梁

在沟通开始阶段，学生在意的往往不是老师的大道理，而是老师的态度。如果不能搭建起沟通的桥梁，学生心中就会筑起一道无形的高墙，所以理解和尊重是有效沟通的前提。

教师要学会换位思考，思学生所思，想学生所想，多听多看少说，做一名倾听者，摸清他们的心理活动。老师要多问自己"假如我是孩子，我会怎么做？"要尽量以学生的眼光去看他的世界，以学生的心情去体会他的情感变动，以学生的思想去推理他的认知，然后有效地将这些感受传递给对方，产生情感共鸣。

（二）用能容之度和智慧之言铺垫沟通的基石

由于学生的不成熟和成长的特性，会出现屡教不改、明知故犯的现象，若一味批评指责，势必导致逆反心理。此时，教师要以宽容之心对待学生，做到有的放矢、对症下药，因势利导，针对学生生活环境、性格特点进行深入沟通，做学生最贴心温暖的帮助者。

（三）用真诚和赏识拉近沟通的距离

"以诚感人者，人亦以诚而应；以术驭人者，人亦以术而待。"教师的真诚是一种教育力量，能够使学生感到被信任，从而愿意接纳老师。在日常班级事务中，教师要言传身教，说真话、办真事，用实际行动树立真诚的形象，营造真诚的班级氛围。

教师要善于捕捉学生身上的闪光点，并及时加以表扬，要让学生相信，自己在老师心目中是有价值的，是有潜力的，从而拉近彼此之间的距离。

四、暖心资源包

拉近师生间距离，8个妙招来帮你：

（1）使用"我们"有魔力——无论是个别谈心还是全班讲话，如果都使用"我们"，会让学生觉得很亲切，不自觉地与老师产生一种亲近感。老师应该把师生平等的观念落到实处，放下身段，走近学生。

（2）肢体动作更亲密——在与学生沟通时适当使用一些肢体动作，比如拍肩膀、摸头发、握手、拥抱，亲昵的称呼和温暖的肢体动作，更容易让学生放下心中的芥蒂，打开心扉，畅所欲言。

（3）角色置换我懂你——引导学生换位思考，使他逐渐学会理解他人，学会宽容和分享。比如，"我也是从你这么大过来的，我很理解你。""换了是我也可能会那样做的。""我也曾经有过和你一样的烦恼。""如果你是老师，你会怎么做呢？""假如刚才的事情重新来过，你会选择怎么做？"

（4）题外话调节气氛——打破学生筑起的心理防线，使后续的谈话更容易进行。比如，可以询问学生最近有什么新鲜事、有什么开心的事情，心情怎么样……既打破僵局，又可以由此及彼，巧妙打开话题。

（5）迂回战术巧借力——"数学老师说你很棒！"借助第三人搭建心灵桥梁，让学生感受到被关注被重视，当然，"第三人"所说的话必须是真实的，否则会适得其反。

（6）边吃边聊氛围好——其实，很多教师都在有意无意中运用过一种"可口可乐效应"，最常见的就是用一些小奖品鼓励、奖赏学生好的行为。一些典型场景有："来，先坐下，喝杯水……""天太热了，我们先去买个冷饮，边吃边聊。""老师知道你特别喜欢这支笔，这是我给你的，你先放好，我们来谈谈……"在这种贴心的关怀和放松的氛围中，学生更能打开心扉，畅所欲言。

（7）先抑后扬渐佳境——和学生谈话时，教师先把丑话说在前头，学生心里必然紧张、焦虑，引起对谈话的重视。随着谈话的进行，褒奖的成分开始增加，学生的心情也随之变得放松，话题打开。

（8）常以"可是"做转折——在谈话中，无论学生说了什么，教师都不要立即下结论或简单否定，尊重学生表达的权利，在他们表达、陈述完自己的观点或原因后，老师在点头表示赞同的同时，要以"可是"做转折，既保住学生的面子，又婉转地提出自己的要求。

五、延伸点评

本文紧紧围绕如何与学生沟通支招，聚焦与学生沟通中师生、生生、家校关系间可能存在的问题和瓶颈，从理解尊重、宽容、真诚赏识三个维度给出行动的指引，指导老师搭建好沟通的桥梁、拉近与学生的距离，辅以"暖心资源包"，细致地介绍了 8 个充满智慧的小妙招，具有很强的指导意义。

本文具有普遍适用性，老师们可以在本文的指导下，在面临实际情况时，有针对性地选取小妙招来进行指导，无需面面俱到。比如，对待性格内敛、不敢亲近老师的孩子需要多鼓励，多用让学生放松的小技巧。

本文适用于刚刚走上岗位的班主任，随着班级工作的推进，对学生了解程度的加深，沟通也就越来越需要掌握策略和方法，在这一过程中，也可以借助家长、科任老师、同伴等力量，全面了解学生，为一对一的沟通提供更多有效信息和策略。

学生成长档案怎样建立？

深圳市南山区文理实验学校（集团）文理学校　李　芳

一、问题情境

学生成长档案是对学生读书阶段学习成绩、课业进步、知识积累、行为表现以及思想性格、觉悟品德等的客观反映，它以学生的学习成绩和学习表现为主线，辅以学校、老师、同学以及外界给予学生的评价，和在有关情境活动中对于学生本人的记录。给学生建立成长档案，能多层面、多方面地评价学生，从而发挥好评价的发展功能以及实现学生的自我教育。

"作为班主任，期末需要对学生做出评价；和学生谈话需要找些突破口；和家长沟通需要反馈学生表现；工作会上需要谈班级学生发展情况……面对以上常见情况，最有效的抓手就是学生成长档案，那如何帮助学生建立自己的成长档案呢？"

二、问题聚焦

作为新手班主任，由于缺乏经验，建立学生成长档案时可能会遇到以下困惑：

（1）成长档案里条目太多太杂，很容易成为资料袋，如何筛选整理？

（2）建立成长档案是一项长期的工程，应如何坚持？

（3）成长档案如何保管？

针对以上难点，来看为你支招。

三、为你支招

一个完整的成长档案应该包括：成长档案袋的封面或封皮、资料分类明细（目录）、不同类别资料整合表、所收集的资料以及档案的管理五个方面的内容。

（一）成长档案袋的封面或封皮

学生成长档案袋的封面可统一格式，也可让学生进行个性化设计。在袋上写上学生姓名、性别、出生年月、家庭住址、联系电话，甚至是"我最喜欢做的事""我最想说的话"后，让学生发挥各自的聪明才智设计封面。还可以给自己的成长档案袋取上富有诗意的名字，如"成长的足迹""新苗长高了"等。

学生成长档案

班级：____班 小组：___ 姓名：____

简约版

成长的足迹

班级
姓名

设计版

（二）资料分类明细（目录）

资料分类明细的作用是便于信息的分类、存放、检索，为综合评价提供方便。资料分类依据主要是课程标准、教学目标、班级教学实际、学生的特点与需求等，也就是说用成长记录袋去反映、评价学生在多个方面的发展。可以包括：自我介绍、日常学习评价、综合实践活动记录、阶段性评价表、家访记录、光荣榜、心理测评表、学期终结性评价表等单元，每个单元可以进一步细化、分解，设计若干个具体的项目。总之，资料分类明细的设计，要体现信息的全面性、代表性、科学性等，能客观全面地反映学生在知识、能力与态度等方面的进步和发展。

1. 个人基本情况信息表

2. 运动与体质健康

3. 父母寄语

4. 老师、同学的话

5. 我的作品展

6. 心灵心语

7. 综合素质评价表

8. 社会实践活动调查报告

9. 义工活动记录表

10. 获奖记录

11. 学期学习、生活感悟

第一章：个人基本情况 ⋯⋯⋯⋯⋯ 第 页

第二章：我的变化 ⋯⋯⋯⋯⋯ 第 页

步入中学前的我 ⋯⋯⋯⋯⋯ 第 页

步入中学后的我 ⋯⋯⋯⋯⋯ 第 页

第三章：我的成长规划 ⋯⋯⋯⋯⋯ 第 页

第四章：他人评价 ⋯⋯⋯⋯⋯ 第 页

第五章：我的作品 ⋯⋯⋯⋯⋯ 第 页

第六章：我的比赛和获奖情况 ⋯⋯⋯⋯⋯ 第 页

第七章：义工服务活动 ⋯⋯⋯⋯⋯ 第 页

第八章：社会实践活动 ⋯⋯⋯⋯⋯ 第 页

第九章：运动与健康 ⋯⋯⋯⋯⋯ 第 页

第十章：学习生活感悟 ⋯⋯⋯⋯⋯ 第 页

（三）不同类别资料整合表

不同类别资料整合表用于展示学生不同方面的评价在总体评价中所占的比重。不同类别资料整合表的制作有两种途径：以评价主体为线索和以评价内容为线索。以评价主体为线索的整合表是将来自于教师、家长、同学和自己多个评价主体的评价综合起来，形成总体评价结果。以评价内容为线索的整合表是将不同的评价内容整合起来，进行评价。二者可以结合起来，形成全面的评价。

（一）思想品德

项目	评价内容	自我评定	小组评议	教师评价
思想素质	热爱集体，积极向上			
	团结协作，文明礼貌			
	遵章守纪，爱护公物			
	诚实勇敢，乐于助人			
	保护环境，讲究卫生			
心理素质	性格开朗，心胸开阔			
	正确对待自己和他人的优缺点			
	意志坚定，不怕困难和挫折			
	情绪稳定，遇事有主见			
劳动素质	热爱公益劳动			
	能吃苦耐劳			
	有一定的劳动技能			
	乐于做一些力所能及的事			

（二）身体素质

评价指标	自我评定	小组评议	教师评价
广播体操，眼保健操			
课余锻炼			
运动能力			
无不良嗜好			
卫生习惯			
健康状况			
总　　评			

（四）所收集的资料

成长档案袋所收集的资料必须是在教学过程中自然产生的，这样才能真实地反映学生的学习过程。

（五）学生成长档案的管理

方式一：学生成长档案袋平时由学生本人保管，班主任每个月组织学生整理一次各自的档案袋，每学期进行两次交流展评，让学生通过对比看到自己的进步，获得成功的体验，并在相互评价和自我反思中学习别人的长处，改正自己的缺点。

方式二：学生成长档案袋由班主任统一管理，学期结束的时候，由学生带回家，让家长了解学生学习情况，撰写评价，第二学期开学时带回学校。这样也有利于家长与教师之间的沟通，及时了解学生的发展情况，关注学生学习的全过程。

方式三：学生成长档案可放在教室的图书柜里，便于老师和学生随时记录与评价。

四、暖心资源包

1.学生档案建立前

（1）通过问卷调查的方式了解学生最希望存档的资料是什么，然后和学生一起确定收集的条目。

（2）召开有关主题班会，让学生意识到建档的重要意义，以及知道如何操作，为后续开展工作奠定基础。

（3）请家委协助统一订制学生档案工具，印上班级文化元素（班徽、班名、集体照等），以礼物形式发给学生，增强仪式感。

（4）了解学习其他学校建立学生档案的优秀做法。

2. 学生档案建立中

（1）借助小组成长共同体的力量，由小组长带头，组员相互提醒督促，及时整理个人档案袋。

（2）邀请学校领导、老师和家长，翻阅班级学生档案，激发学生自豪感以及给予坚持下去的动力。

（3）定期评比，对优秀档案袋给予表彰，需改进的档案给予建议。

（4）专业指导，邀请档案馆管理员进班级为学生进行指导。

（5）关注有行为偏差的学生，及时提供指导和帮助。

3. 学生成长档案建立后（学生毕业）

（1）作为礼物，颁发给学生，留作纪念。

（2）召开以"我的成长"为主题的班会。

（3）制成电子档案，供以后参考使用。

五、延伸点评

本文围绕如何建立学生成长档案支招，通过"问题聚焦"阐述了新岗班主任建立学生成长档案的重要性。从封皮、目录、整合表、收集资料、保管五个步骤给出具体建议，操作性强。辅以"暖心资源包"，介绍贯穿档案建立过程的多种创意策略，富有示范性和指导性，很有参考意义。

本文具有通识性意义，老师们在使用时根据本班实际情况，有针对性地建立学生成长档案，突出重点内容及展示班级特色，无需面面俱到。比如小学段侧重孩子成长过程中家庭教育资料的收集，初一年级的档案侧重行为习惯和学习习惯养成资料的收集，初三年级侧重学习方法总结和成果收获资料的收集，高中侧重人生理想与职业规划方面的资料收集。

本文适用于新手班主任刚接手班级时对学生成长资料的收集，随着班级工作推进，可根据具体情况，增添或更换资料，也可根据班级特色活动进行专项记录等。

中途接班如何开展工作？

深圳市蛇口育才教育集团育才三小　程　红

一、问题情境

　　刚一上岗，就要中途接班，对新岗班主任来说是一次巨大挑战。如何全面了解学生，做问题学生的思想工作？如何管理班级，开展班级活动，引领班级更进一步……新学期要做的事情很多，该从哪儿着手？如何做才能赢得家长的信任和支持？

二、问题聚焦

　　由于资历尚浅，中途接班的新手班主任可能面临的处境和困难：

　　（1）会被家长们不自觉地与前任班主任进行对比，甚至拿新手班主任的缺点与前任班主任的优点相比，产生今不如昔的感觉和不信任，让新手班主任倍感尴尬，难以适从。

　　（2）面对家长的审视和质疑，瞻前顾后，导致在与学生、家长的接触中束手束脚，限制自己的管理执教水平。

　　（3）对班主任工作的具体内容尚不熟悉，缺乏条理，使班级工作混乱无序。

三、为你支招

（一）全面了解，走进学生

　　通过与原班主任、科任老师交流，或是通过查阅学籍册、假期作业、问卷调查等方式了解学生的家庭背景、学习成绩、行为习惯、特长爱好，对班里的成绩优秀者、调皮捣蛋者、性格孤僻者、呼风唤雨者做到心中有数。

调查问卷可分别请家长和学生填写，全面了解家长的教育理念、教养方式、学生的特长爱好和对新老师的期待，掌握班级的整体状况、存在问题，积累班上绝大多数孩子的相关资料，为接下来与学生、家长的交流和班级活动的设计打下基础。

（二）缓冲调适，班规试行

（1）细心发现学生在上课、作业、活动、日常行为习惯和同伴交往等方面的闪光点。通过在班级中公开表扬、在作业本上留言，或单独聊天、写表扬信与家长分享等方式，及时反馈学生的努力和获得的成绩，并表达对学生的优秀品质发自内心的肯定，激发学生的进取心，拉近师生间的距离，将爱心、细心和责任心播撒在学生和家长心里。

（2）向科任老师、学生了解前任班主任在班风建设、常规管理、习惯培养、活动开展、评价激励等方面的举措，延续学生喜爱的做法，缓解学生对换老师的不适应。

（3）初步与学生建立情感后，与学生约定最多不超过十条的班级文明公约，以具体的公约指导行动。在第一个月里，只奖不罚，对学生所犯的错误宽容待之，动之以情，晓之以理，使他们感受到老师的善意和真诚，乐意接受老师的教导。

（三）充分准备，精彩亮相

充分准备，做足功课，让所有的"第一次"都能为家长信任自己，支持自己工作加分。

（1）第一次与学生见面，花点小心思，凸显自己的才华、亮点；

（2）第一次开家长会，精心准备，介绍自己的情况、自己的教育理念，自信地展示年轻人的朝气和创意；

（3）第一次上班会课，精心准备主题和内容，让学生有丰富的体验和收获，对下一次课充满期待；

（4）第一次表扬学生，郑重其事，态度真诚；

（5）第一次集体活动，倾情投入，有计划有组织。

总之，第一学期里所有的"第一次"，都需要慎重而珍惜，认真而用心，有准备地亮相，努力让自己在通往积极和谐的家校共育之路上拥有"一张最好的通行证"。

（四）旧貌新颜，活力焕发

（1）从教室环境布置、卫生入手，让教室焕然一新。充分利用教室墙面，展示学生作品、创意，展示新班级文化。低段的活泼一点，以懂礼貌、讲卫生、爱学习等养成性教育或习惯培养为主；中段则多注重纪律、品德，将知识、趣味和教育融于一体；高段重视学生能力培养，可以充分发挥学生的主体性和积极性，把文化墙的内容选择权交给学生。无论低中高段，都应注意保持桌椅整齐、地面干净、教室卫生无死角，给人以整洁、清洁的美感。

（2）进行班队干部改选，修改或完善班规。通过竞选产生新的班队委，正式上任后，在一段时间里及时对班队委工作进行指导，保证其渐渐熟悉自己的职责，成为老师的得力助手。

（3）着手准备一次有家长参与的班级活动，让学生、老师、家长充分交往，互相了解，使班集体产生强大的向心力和凝聚力。

活动的设计注意依据班级实际，可以是解决日常观察中发现的问题，也可以是满足通过问卷调查了解到的学生和家长的需求，还可以结合自身的特长，总之，通过活动，解决实际问题，促进班级建设，增进新班主任和家长、学生的相互了解，也让班级慢慢焕发新的活力，展示新的面貌。

四、暖心资源包

（一）接班学生、家长问卷调查表

家长问卷　　　　　孩子姓名：

1.您认为现阶段最需要关注孩子哪方面的发展？（学习/身体/品行/习惯等）

2. 您最反对老师的什么做法？您对新老师最希望的是？

3. 您和老师沟通的最佳方式是？（电话 / 面谈 / 书信 / 投诉 /QQ 等）简述之。

4. 您每天花多长时间陪孩子，共同做些什么？（读书 / 锻炼 / 游乐等）

5. 您最能给孩子做榜样的是什么？

6. 您能给予学校、班级工作的帮助是什么？（有时间参与管理吗？）

7. 您孩子在家能做哪些家务？孩子在校必须扫地、拖地、套垃圾袋、扔垃圾，你有教会孩子吗？

8. 您有教孩子哪些自护？

9. 请您总结一下孩子、家长、家庭相处状况。

10. 请您综合评价一下您的孩子。

学生问卷　　　　姓名：　　　　学号：

1.你认为你的优点是什么？缺点是什么？
2.你的学习情况怎么样？（成绩／习惯）
3.你最不喜欢老师什么做法？
4.新学期你对老师的期望是什么？
5.新学期你对自己有什么新要求？怎样实现？
6.校运会你参加什么项目？准备取得什么成绩？你打算开学后怎样进行锻炼？（60米、200米、400米、跳高、跳远、投垒球、跳绳、踢毽子等）
7.你有什么特长？（唱歌、跳舞、乐器等）学了多久？
8.你具备哪些基本劳动技能？班级卫生打扫你会擦窗、扫地、拖地、套垃圾袋、扔垃圾、擦桌子吗？

9. 你觉得班上同学怎么样？（喜欢谁 / 讨厌谁 / 为什么）
10. 对班级管理你有什么建议？（你希望当什么班干部？有什么好方法？）
11. 你每天有课外阅读的习惯吗？（每天不少于 40 分钟）你喜欢看哪类图书？

（由深中南山创新学校 陈钰老师提供）

（二）"绳彩飞扬 亲子同乐"班级亲子活动方案

"绳彩飞扬 亲子同乐"跳绳比赛活动方案

深圳市蛇口育才教育集团育才三小 三年级 1 班

一、活动时间：周六上午

家长签到时间：9:40—9:55；义工家长 9:00 到场。

二、活动地点：深圳湾婚庆公园停车场后的空地

三、活动准备：音箱、两条长绳、孩子们人手一条短绳、50 份礼物、记录表

四、比赛形式

1. 孩子个人赛

全班孩子按学号分成四组，一组 10 人，计时一分钟，每个孩子由两位家长计数。

2. 亲子小组赛

全班分为 13 个学习小组，按顺序从第一组开始往后跳，一次一个小组。计时一分钟，每一个家庭由两位家长计数。登记总数，再算出小组平均数。

3. 家长团体赛

分组进行，计时 3 分钟，一组由两位家长计数。

五、奖励

1. 孩子个人赛

根据计数评出一、二、三等奖，发喜报。

2. 亲子小组赛

根据计数评出一、二、三等奖。一等奖 2 个组，二等奖 4 个组，三等奖 7 个组。奖品为不同型号的水果蛋糕。

3. 家长跳长绳

胜利组：享受孩子现场捶背按摩一分钟。

后进组：抱着孩子做下蹲运动一分钟。

4. 家委会准备礼物

附喜报模板：

喜　报

＿＿＿＿同学：

在班级"绳彩飞扬 亲子同乐"跳绳比赛活动中一分钟跳绳 ＿＿ 个，荣获 ＿＿ 等奖。

特此祝贺！

育才三小三（1）班
2021 年 12 月 24 日

（三）"发现·蛇口"综合性学习活动方案

"发现·蛇口"综合性学习活动方案

深圳市蛇口育才教育集团育才三小　程红

蛇口，我们生活的家园。对于这个改革开放的前哨、改革开放"第一窗口"、特区的标杆，孩子们有多少了解？它有怎样的历史，怎样的故事？本次实践活动以"发现·蛇口"为题，引领孩子去探索和发现。

活动时间：一个月

活动目标：

（1）从历史、人文、精神等方面探索与发现蛇口，提升对蛇口的认同感和归属感。

（2）培养孩子们的自主学习能力、合作能力和探究精神，以及初步的科学素养。

活动重点：

带着问题参与活动，从实践中寻求真知，在合作中学会相处。

活动步骤：

一、前期准备

1. 分组，明确分工

全班48人，分6个小组，每组一名组长，一名副组长。副组长负责建群，并将老师拉入其中，了解活动进度。组长和副组长结合后期的实践报告统筹安排，遵循分工合作，人人参与的原则。

其余角色分配：财务1名，医疗员1名，记录员1名，环境小卫士1名，安全督导1名，时间管理员1名。

每组均有一张"任务完成情况登记表"，由副组长组织，记录员记录，小组成员共同考量每个组员参与活动的情况。

2. 邀请外援组织，协助指导

3. 家长说明会

乐行将会在活动前开召家长说明会，每个家庭至少要有一位家长参加。

本次活动为班级统一组织的实践研究活动，活动有计划，孩子有任务，无生病等特殊情况，请勿缺席。

二、活动进行

1. 乐行导师组织孩子进行城市定向活动

2. 带着问题实践、体验

（1）寻找蛇口的文物古迹至少两处，了解它们背后的历史或故事，用

200—300字描述。

（2）寻找蛇口两处发生变迁的地方，一处为由海上"移居"内陆的景观，一处自定义。了解它们背后的故事，用200—300字描述。

（3）蛇口哪个地方最能体现它的开放、包容？列举一处，用200—300字描述。

（4）推荐一处蛇口的美食，用200—300字写明它的位置、特色及推荐理由。

（5）为远方的亲友设计一条图文并茂的蛇口一日游路线，至少包含四个景点，能让亲友了解到蛇口的历史、文化和精神。

（6）写一篇跟本次实践活动有关的文章，不少于400字。可以写活动的经过和心得，可以写自己在活动中的发现，还可以写自己与蛇口的故事。

（7）对于新蛇口，你有怎样的畅想和期待？

3. 小组自行活动

各组由组长、家长带领，根据活动进展，自行安排时间。可集中讨论研究任务，集中交流，集中参观蛇口改革开放博物馆……过程中注意安全，注意文明，并充分利用手机、相机做好记录和资料素材的收集。

三、活动后期

1. 形成研究成果

每人将自己的研究成果和作品（电子版）交给组长，由组长、副组长统筹，编写完成整个综合实践活动报告。报告呈现两份，一份为PPT模式，一份为PDF格式。

2. 研究成果分享、交流

本次活动预计用一个月左右的时间完成。小组合作的步骤、做法需要集中讨论，此外，还可以依靠家长的力量来完成某些任务，需要家长们在交通上、时间上给予支持，在实践中给予指导。

五、延伸点评

本文所阐述的中途接班的做法从了解学生，走进学生心里入手，把建立和谐的师生关系放在首位，以情动人，并提出将爱心、细心和责任心落实到班级管理的细节和班级活动设计以及对自己较高的专业要求中去赢得学生和家长的信任，值得借鉴。

"为你支招"的几个"招"有先后逻辑，但并非不可以变通。在实际工作中，它们有的可以交错，有的可以同时进行。新手班主任还需要静下心来，深入到自己的班级工作中去，根据班级实际情况灵活地开展工作。比如，教室环境布置就不一定要等到一个月后，种种"第一次"可能会贯穿学期始终，班级活动的开展还可以依据时令特点和学校计划……

本文适用于新手接班初期，随着班级工作推进，要想持续赢得家长和学生的配合支持，还需要对班情学情深入了解、分析，根据班级特点和自己的长处制定班级发展规划，以发展目标和具体措施切实引领班级成长，促进学生进步。

家 校 指 导

　　家庭是孩子的第一所学校，父母是孩子的第一任老师，亲子教育是孩子成长的起点。德国教育家福禄贝尔（1782—1852）说过："国家的命运与其说是掌握在当权者的手中，倒不如说是掌握在母亲的手中。"家庭教育、学校教育、社会教育是三位一体服务于孩子成长的，且家庭教育起着基础作用。

如何指导家长进行亲子沟通？

深圳大学附属教育集团外国语小学　谢念晓

深圳市南山外国语学校（集团）高级中学　曾澄福

一、问题情境

在家校沟通过程中，班主任与家长聊起孩子的话题时，经常听到家长这么说：

"孩子吃完饭房门一关，不知道在里面是写作业还是干啥。""我丫头就是倔脾气，说她就是不听，还顶嘴。""我和儿子没话讲！有时候我问十几句话他也不答一句话。"……

在与孩子的交流中，时常听到孩子这么说：

"每天吃晚饭都是爸妈唠叨的时间，总是问我又考试了吗？考多少名？班里最高分是多少？我排多少？""我妈经常说'我这都是为你好，我们以后就指望你了'，我爸也经常说'你再不认真学习就没希望了，你怎么这么不懂事？'"……

班主任在工作中避免不了遇到亲子关系的问题需要去介入，因此指导亲子沟通也成了班主任应具备的一项重要能力。

二、问题聚焦

问题情境中所提到的情况实际上都是由于社会环境的影响以及沟通方式不当等原因导致的：

（1）父母用同一种沟通方式去应对不同成长阶段的孩子。

（2）受环境的影响，父母围绕成绩展开亲子沟通。

（3）粗暴强制的沟通方式，让孩子不敢正常表达自己。

三、为你支招

基于以上的问题分析，班主任指导家长进行亲子沟通，可以从以下几个方面着手。

1. 帮助家长了解孩子的特点

学生的成长与发展是具有阶段性特点的，作为班主任，了解学生的发展特点和规律是必备的基本素质之一。当我们在进行亲子沟通指导时，先要让家长了解学生所处的年龄阶段特点，以及在该阶段可能出现的一些行为。如，小学低年级学生身体发展相对平稳，但其脑部发育则处于"飞跃"发展的阶段。这一阶段的学生向师性很强，对班主任非常信任，因此家长在与孩子进行沟通时可以借助班主任的力量。中学生处于青春发育期，在这一阶段，生理、心理发展迅速，呈现出与小学阶段较大的差异。学生的心理具有过渡性、闭锁性、社会性和动荡性的特点，因此在这一阶段，家长与学生进行沟通时更应注重学生的感受，做到尊重和平等。

2. 帮助家长看见他们的沟通方式

在亲子沟通中，家长虽然很愿意走进孩子，了解孩子，但是由于认知的误区，有时采取一些无效的沟通方式，导致适得其反。班主任可以通过以下内容帮助家长看见他们的沟通方式。

角色	角色特点	错误语言	造成的后果
指挥者	采用命令的语气企图消除孩子的负面情绪	必须写，你不写我就……	扼杀了孩子表达的勇气，给孩子的心理造成恐惧
说教者	采用说教的方式批评教育	你就应该……不应该……这种行为是不对的	孩子觉得父母唠叨，烦人
万能者	表现出无所不知无所不晓的态度且很喜欢替孩子解决问题	看吧！和我告诉你的一样吧！	孩子不会主动思考，听之任之
审判者	评价孩子的行为，评判孩子情绪。一般认为自己是对的，孩子是错的	我觉得你这次考不好就是得怪你自己不好好学	孩子畏缩、不敢挑战、缺乏创新能力等

续表

角色	角色特点	错误语言	造成的后果
批评者	采用嘲笑、讽刺、开玩笑、贴标签等方式证明自己是对的，孩子是错的	你怎么那么笨，谁教你都会疯掉	伤害孩子自尊，造成亲子隔阂
安慰者	不真正解决困扰孩子的问题，只是帮助孩子宣泄情绪	没事，这是成长中一定会出现的困难	孩子依然不知道如何是好
心理分析者	发掘孩子的问题并加以分析、诊断，告诉问题所在，但常将问题归咎于孩子身上	我觉得你是太在意别人的看法了	增加了孩子的压力

班主任在指导家长了解自己时，还需要引导家长避免进入肢体语言的误区。

3. 亲子沟通的四要素

在亲子沟通中，我们要时刻谨记四大要素：真诚、开放、明确和弹性。"真诚"需要我们做到主动地和孩子建立联系，平等地与孩子进行沟通，理解孩子的行为和想法。当我们犯错时要有勇气承认错误，孩子能够感受到我们的真诚，沟通才会开始。"开放"是指需要家长做到换位思考，认真倾听，凡事有商量，开放式的提问更能够让孩子们感受到诚意。"明确"是指在进行亲子沟通时，要明确彼此的责任与义务，并在此基础上进行有效表达，表达诉求时尽量做到语言简洁。每一个孩子都是独立的个体，家长需要尊重个性，对具体情况进行分析并调整沟通方式，这便是亲子沟通中需要遵循的"弹性"要素。

4. 亲子沟通的技巧

班主任在指导家长进行亲子沟通时，可以从观察、倾听、表达和等待四个方面进行指导。

（1）观察。

在与孩子进行沟通时要关注孩子的非语言信息，如表情、动作等，父母可以通过非语言信息来调整与孩子的交流内容，同时也要积极给予目光的回应。

（2）倾听。

积极有效的倾听需要对孩子沟通时的非语言行为所代表的意义有所了解，比如说话结巴可能意味着紧张、害怕。此外，在倾听的过程中要做到不打断、不批判、不建议，专注地听孩子说，且读懂孩子语言背后隐藏的情绪，在孩子表达感受之后及时给予反馈。

（3）表达。

真诚且不带偏见地表达自己的感受和对孩子进行回应是亲子有效沟通的重要方式。可以指导家长积极运用"我"向信息，比如当孩子吵闹时运用"我听到你声音很大，这有些影响到我了。"而不是习惯地表达"你吵到我了。"运用"我"向信息的沟通能够让自己的想法充分传递给对方，让对方更了解自己的想法和心情，从而达到有效沟通的目的。具体的表达是，描述事实＋表明自己的感受＋自己的期待。

除此之外，父母还应该帮助孩子描述感受并接纳孩子的情绪，把孩子所表达的观点、情绪进行编排，并用自己的语言表达出来，以此促进深入思考。

（4）等待。

很多时候亲子沟通出现问题，都是因为双方带着情绪进行对话。这很大程度上影响了亲子沟通的有效性。因此，当亲子沟通出现冲突时，应采取措施让双方冷静下来，平复情绪，等待最佳的表达时机。

四、暖心资源包

（一）各年段孩子的特点

具体可参考南京师范大学张玉楠撰写的《中国儿童七项心理品质发展的年龄特征及教育建议》。

（二）音调语速隐含的信息

音调与语速	情绪感受信息
说话结巴	可能是紧张、害怕、悲哀等情绪的表现
不说话	可能是正在思考或悲伤、沮丧郁闷、不高兴
说话速度很快	可能意味得意、高兴或紧张的情绪
重音强调某些字	可能是对谈话重点内容的强调或为了吸引人注意
……	……

（三）面部表情所代表的情绪

面部表情	表示的情绪
哭泣	孩子心理或身体受伤害、失望、不高兴、挫折、生气
微笑	高兴、愉快、掩饰紧张焦虑或轻蔑他人
掷东西	生气、失望、不满、受挫情绪的发泄表现
僵直不动	恐惧、害怕、怀疑或吓呆了
摇头	否认、不同意
点头	同意、承认、认同
打哈欠	无聊、没兴趣、想睡觉或精神不济
眼神集中	表示专注、有兴趣
眼神逃避接触	焦虑不安、缺乏兴趣、害羞
……	……

（四）家庭教养方式对孩子的影响

教养方式	特点	对孩子的影响
权威型	高要求／控制、高接纳／关爱	孩子有足够的安全感，较自立、自信、爱探索
专制型	高要求／控制、低接纳／关爱	孩子依赖性强、被动、不自信、缺乏好奇心
溺爱型	低要求／控制、高接纳／关爱	飞扬跋扈、以自我为中心、缺安全感、方向感和确定感，更没有责任感，容易从众
忽视型	低要求／控制、低接纳／关爱	自尊较低，多出现行为问题，情感冷漠或需求过度

（五）孩子犯错后的七步沟通法

（1）问他到底发生了什么事情，让他有机会说话。

（2）问他现在感受如何，让他的情绪有所表达。

（3）问他准备用什么方法处理，父母不做任何评判，倾听即可。

（4）问他想过采取这些方法会有什么后果吗？

（5）问他最终决定怎么做？

（6）问他需要我帮你做些什么？并且表示会全力以赴支持他。

（7）当事情结束之后，问他结果如何，有没有如他所料？

五、延伸点评

亲子关系是家庭关系中重要的一环，亲子沟通是否有效在很大程度上影响亲子关系。本文通过分析亲子沟通中可能存在的问题，为班主任指导家长进行亲子沟通点明了方向。针对亲子沟通的有效推进，在"为你支招"板块分别从了解孩子到了解家长自身，从亲子沟通四要素到亲子沟通技巧，环环相扣。与此同时，"暖心资源包"也给予了相应的资源支持，提供了更多可操作性的工具。

班主任应该在充分了解学生情况及其家庭情况之后，再进行交流指导。学生是个性化的，每个家庭也是各有特点的，本文提供的是思考及辅导方向的指引，具体内容还需要班主任亲身实践与总结。

如何指导家长评价孩子？

南山实验教育集团园丁学校　王弋安

一、问题情境

良好的关系，是有效教育的前提。在家庭中，父母对孩子的评价很大程度上影响着亲子关系的融洽，以及孩子自我价值的建立和内驱力的发展。

作为老师，我们经常会听到家长类似的抱怨——"老师，孩子就是不听！""我真拿他没办法。""孩子太有个性了，根本不服管！"每一个孩子都不完美，每一位家长都心怀期待，不当的评价会在亲子之间建起围墙，而充满智慧的评价则会如水般滋养亲子关系、润泽孩子成长。

二、问题聚焦

在家庭评价中，你可能会遇到以下几类问题：

（1）家长对自身的育人责任认识不足，疏于对孩子的管教与引导。

（2）家长评价孩子单向且单一，不利于孩子的身心和谐与全面发展。

（3）家长缺乏多元且具有激励性的评价路径。

（4）家长的评价与学校评价不同步，教育合力弱。

三、为你支招

（一）明确家长职责，重视家庭评价

《中华人民共和国家庭教育促进法》是我国首次就家庭教育进行的专门立法，其中的五大要求、六条指引、九种家庭教育方法都值得老师与家长们研读学习。

《中华人民共和国家庭教育促进法》明确指出，"家庭是第一个课堂，家长是第一任老师"。家长承担着对未成年人实施家庭教育的主体责任，要用正确思想、方法和行为教育未成年人养成良好思想、品行和习惯。

由此可见，学习如何恰当地评价孩子，引领孩子成长，是家庭教育中不可或缺的一部分，是每一位家长的必修课。

为了引起家长们对家庭评价的重视，我们可以邀请榜样家长分享评价经验，传递好方法，彰显正能量。开家长会时，除了老师讲述与强调，更要给家长们充分的时间围绕"家庭评价"进行头脑风暴，这是一个聚焦重点、交流互鉴、深思内化的可贵过程。"家长学校""阅读沙龙"等活动同样也可以在家长群体中传递正确的育儿观，但是对于具体个案，班主任仍需通过家访等私下一对一的形式开展工作。

（二）遵循育人目标，把握评价方向

教育评价，是教育发展的指挥棒，只有树立正确的育人观，我们的评价才能真正撬动孩子的成长。中共中央、国务院印发的《深化新时代教育评价改革总体方案》规定了教育评价"立德树人"的根本原则，这是学校与家长共同前进的方向。根据我们的育人目标，家庭评价需要具备以下特点：

1.家庭评价要有高度

不管是学校，还是家庭，最终培养的都是能担民族复兴大任的人，老师可以引导家长们树立科学的成才观，破除唯分数论，坚持健康第一的教育理念，重视理想信念教育、劳动教育、体育、美育等，增强学生的综合素质。

2.家庭评价要多角度

很多家长之所以将注意力聚焦在孩子们的学习分数上，是因为他们没有全面认识到孩子的可能性，我们不妨将中国学生发展核心素养展示出来，引导家长在更多的维度中去培养孩子，发现他们身上的闪光点。

3.家庭评价要有激励性

俄国教育家乌申斯基曾强调，"注意是外界进入心灵的唯一门户，意识中的一切必然都要经过它才能进来"。因此，应逐步培养和发展学生的积极注

意，以便减少消极注意。我们的评价也要秉持激励性原则，重过程的努力，轻结果的得失；重孩子努力可改变的，轻超出他们能力范围的。还可以结合非暴力沟通的模式，通过描述客观事实，表达自己感受，抛出商量性问题的方式对孩子进行无痕的评价，如："今天你主动收拾了餐桌，看着你如此勤劳担当的样子，妈妈觉得好幸福，你是怎么做到的？"

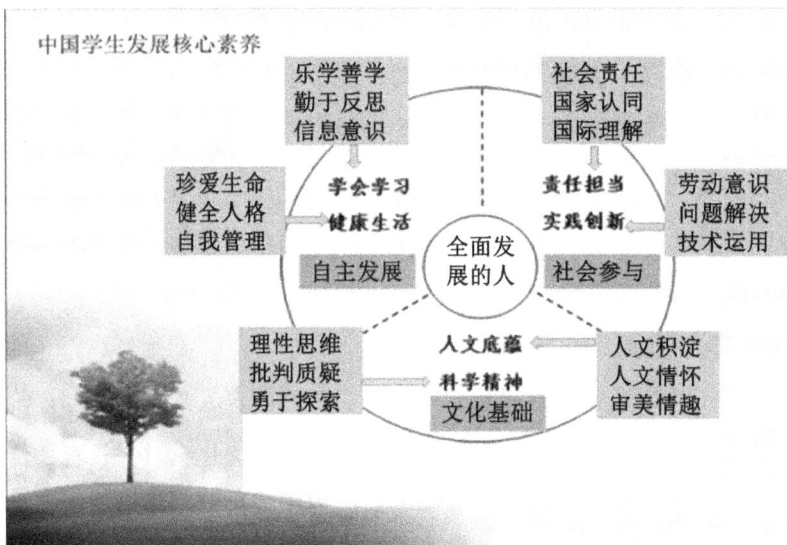

（三）采取多元活动，丰富评价途径

家庭评价最常出现在亲子之间的日常沟通中，其实它还可以有更多的载体。根据家庭特点，搭建家庭评价体系，能助力良好家庭、家风的形成。我将提供以下家庭评价体系供大家参考：

1.闪光记录本，赋予孩子生长感

家长们可以准备一个小本子，每天在上面记录两三条孩子今日让你感到惊喜的地方。生活不是缺少美，而是需要去发现美，家长将目光聚焦到孩子一点点的变化与成长之上，更易于认识到孩子的本来水平与独特性，不仅自己更容易心平气和，孩子也会在家长稳定的情绪与持续的赋能中变得更加自信，获得向上生长的动力。

2.日日进步表，赋予孩子方向感

孩子、家长和老师可以一起探讨，从良好生活作息、时间管理、每日阅读、预习复习、体育锻炼、劳动、特长发展等方面着手，绘制孩子们专属的日日进步表，纳入自我星级评价和家长星级评价，以此来指引孩子们成为日进日新的阳光少年。对于日日进步表，家长们一开始不能要求过高，抱怨"他明明答应了，就是做不到！"而要以身作则、陪伴激励他们一点一滴去做到，一起去体会进步与自律的快乐，才是我们要去攀登的成长之峰。

3. 亲子专属时间，赋予孩子幸福感

家人对于孩子的关注与关爱，是孩子心底最持久的动力源泉，而亲子专属时间向他们传达的就是"你很重要！"这段时间怎么安排？可以是家庭会议，每一位家庭成员进行自我总结，同时为家人点赞，这种互动式的评价有利于拉近心与心的距离；可以是亲子共读，家人与孩子借助文学读本，进行潜移默化的评价；可以是亲子游戏，汉诺塔、多米诺骨牌、乐高、绘画、成语扑克……在益智类游戏中，用孩子乐于接受的方式评价，更有利于亲情的升温。

（四）坚持家校协同，形成育人合力

学校评价与家庭评价紧密联系，学校教育起着主导性作用，老师可以积极配合家长，令家庭评价达到最佳效果。

1. 间接表扬，激发动力

如果说盯着缺点不放是做减法，发现闪光点是做加法，那么采用间接表扬是做乘法。孩子有进步了，家长及时反馈给老师，老师继续加码，比如："昨晚你的妈妈高兴地告诉老师，你做作业比以往快了十分钟，老师也觉得这个进步可真了不起！咱天天与时间赛跑，一定可以越来越自律！"这种第三方转述的表扬更具真实感与激励性，为孩子进步的决心注入了动力。同时，这也非常适用于家长，当我们向家长反馈孩子在老师面前表扬自己的家长哪里做得特别好时，家长也会倍加幸福，倍感动力。

2. 及时指导，改善关系

当亲子关系紧张时，家长们也往往会第一时间求助老师，老师们首先要理解他们的难处，肯定他们的出发点，然后敏锐地判断家长的评价到底是哪

里出了问题，及时给予指导。常见的指导方向有：注意说话的语气，尽量心平气和，不能伤了孩子的自尊，激起孩子的对抗情绪；一起分析孩子的现状，考虑是不是目标设定得太高了；了解孩子的内心，他是不是遇到其他困难了；了解家庭的环境，是否有存在干扰因素等。

3.终身学习，共生共长

我们都说没有完美的家庭，而幸福的家庭都是具备修复力的，这种修复力来源于不断学习，更新认知，勇于改变。家长学校、家庭教育公益讲座、家长阅读沙龙、育儿头脑风暴等都是学校能够组织、引导家长去参与的成长活动。一个学习型的班级背后一定有一个学习型的家长群体和一群不断学习的教师，家校协同，才能牵着孩子们成长，带着孩子们成长，目送孩子们独立成长。

四、暖心资源包

可在南山区智慧班主任平台选取亲子沟通的视频学习。

五、延伸点评

教育的一致性，决定了教育的有效性，家长恰当地评价孩子，与学校要求同步前行，需要老师的大力支持与推动。本文紧紧围绕如何进行亲子评价来支招，通过"问题聚焦"再现了亲子评价中的几类问题，从引起家长重视、把握评价方向、丰富评价途径、进行家校协同四个维度阐述了如何指导家长进行家庭评价，给出了可借鉴的操作方法，具有指导性和通识性意义。

小学阶段家长的评价应指向发展性，帮助孩子建立进取的人生态度，促进孩子自我意识的发展。中学阶段家长的评价应帮助孩子进行情绪和压力的疏导，对青春期的孩子来说，比起家长评价的内容，他们更在意家长讲话的语气和态度，民主、平等的交流更符合青春期孩子的心理需求。

《人民日报》列举的 15 个表扬孩子的方法，对于培养孩子的乐观心态与成长型思维大有裨益，可供家长朋友们参考：1.表扬努力；2.表扬坚毅；3.表扬态度；4.表扬细节；5.表扬创意；6.表扬合作精神；7.表扬领导力；8.表扬勇气；9.表扬热心；10.表扬责任心和条理性；11.表扬信用；12.表扬参与；13.表扬开放虚心的态度；14.表扬选择；15.表扬细心。

如何指导家长进行育儿学习？

南山实验教育集团园丁学校　申文兵

一、问题情境

2022年1月1日，由第十三届全国人大常委会第三十一次会议表决通过的《中华人民共和国家庭教育促进法》开始施行。家庭教育从"家事"上升为"国事"，家长作为家庭教育的主要角色，要依法带娃，承担起孩子的教育责任。作为一名教育工作者，指导家长学习怎样进行家庭教育、怎样进行育儿学习，定是责无旁贷。

刚刚毕业，自己还是没有长大的孩子，哪里会有育儿经验呢？面对家长的求助："老师，孩子的习惯怎样培养？""老师，我家小孩不听话，怎么办呀？"新岗教师该如何指导？怎样和家长配合好，搭好家校共同育人的桥梁呢？

二、问题聚焦

第一次做班主任，在家校共育、指导家长育儿方面，可能会遇到这些困难：

（1）自己没有育儿方面的知识，当家长提出需要指导的时候怎么办？

（2）如何指导家长进行具体的育儿知识学习？

三、为你支招

家长是孩子的第一任老师，家长虽然都非常重视子女的教育问题，但普遍存在重智育、轻德育、爱而失度等现象，作为新岗班主任，可以从以下几方面着手：

（一）了解是前提，摸清学生家长的育儿观念

（1）首先新岗班主任要快速了解班级学生的个性特点、家庭成长环境，做到心中有数，才能因材施教。

（2）接着了解家长，这个家长好不好沟通、育儿观念在什么层次，是专制型、放任型还是民主型。

（3）家长的教育方式不同导致教育效果存在差异，比如文化修养高的家庭，更注重民主的家庭氛围，多会使用赞美、商量、引导等教育方式；反之，家庭教育方式多采用打压、批评等方式，容易对学生产生消极影响。

（二）问题是契机，促使家长深度学习

对于学生出现的一些偶发的、突发的状况，班主任应及时抓住契机和家长交流，在问题解决的过程中引导家长去学习。

1. 考试成绩不理想时

老师应引导家长分析学生考试不理想的原因，是习惯问题？还是学习困难？或是学习障碍？对于不同的问题应有针对性地学习，寻找解决的方法，从而促使家长主动学习育儿知识。

2. 出现情绪问题时

班主任应该引导家长进行分析，孩子出现情绪问题的原因，是正常的需求没有得到满足？还是父母关系紧张？或是遇到了困难？班主任可以引导家长学习心理学方面的知识，比如参加学校心理老师的讲座、教育局组织的心理健康方面的专家讲座等，让家长带着问题去学习，从而提高家长的育儿水平。

3. 亲子关系紧张时

班主任应该要抓住契机，引导家长学习怎么和孩子相处，缓解亲子关系，并促使家长主动学习育儿知识。

（三）学习是动力，推动家长多元化成长

家庭是孩子成长的第一课堂，家长是孩子的启蒙老师，家长只有不断学习，才能指导孩子健康成长。供家长学习的渠道有很多，比如家长沙龙、育儿讲座、家长共读书目、各类读书 APP、线上家庭教育课程等。

1. 利用家长会传授科学的育儿观念和方法

家长的文化水平参差不齐，有很多家长不懂得怎样教育孩子，他们认为教育孩子就是非打即骂。家长会是一个很好的契机，以班级的个案为例，阐述学生的个性特点，让家长掌握一些心理学知识、育儿技巧，并介绍一些学习方法，传递教育理念，帮助家长解决在育儿时遇到的各种问题，让事务型的家长会提升为学习型、研讨型的家长会，起到事半功倍的效果。

2. 邀请家长参与班级活动

家长参与的班级活动越多，对班级的了解就越多，就会对自己的孩子在集体生活中的样子了解更多。活动中也可以看到别的家长是如何教育孩子的，相互学习，在活动中不断反思与改进育儿方法。

3. 开展家访共议育儿锦囊

老师没与家长当面沟通，不了解家庭情况，就不会有切身体会。教育是情感和思想的碰撞，走进学生的家，也就拉近了和家长的距离。家访的对象，通常是比较难教育的孩子，或者是家庭教育方面存在一些问题的孩子，在家访的过程中，和家长分析原因，在轻松的谈话中有的放矢地指导家长的家庭教育，共议育儿锦囊。

（四）共学共享，建立家长共同体

孩子和父母是成长共同体，无论是哪种学生和家长，班主任都要创设各种条件，使学生的身心最大可能地得到健康发展。

1. 专家引领

新岗教师多了解和关注一些家庭教育方面的专家，有条件的可以邀请专家就育儿理论、家教方法、孩子的成长规律等进行培训。让家长对育儿知识有更加清晰的认识。

2. 家长助教

邀请比较有育儿经验的家长进校分享，开展"家长课堂"，可以围绕

"我的家庭教育故事"，分享共同成长的思考、沟通受阻的困惑、家长和熊孩子之间的趣事，让家长们更新教育观念、提升教育策略。

3. 自主学习

由于家长来自各行各业，可支配时间各不相同，集中培训的机会有限，因此也可以通过好书推荐、读书网站、育儿资料共享等，发动家长自主学习育儿知识，达到家校共育的良好态势。

四、暖心资源包

做学习型班主任。作为一名新岗班主任，在班主任工作经验方面是零，那怎样快速地成为一名可以指导家长育儿的班主任呢？需要在不断的阅读、实践、思考中寻找方法，向身边有经验的教师学习，向书本学习。

五、延伸点评

本文从国家政策引言，围绕新岗教师在家校共育上可能遇到的困难给予支招，有案例，有方法，大到育儿科学理念，小到具体执行落地方案，全方位给新岗教师做了普及，富有指导性，解决了新岗教师引导家长育儿的实际问题，非常值得参考。

本文以学生出现一些偶发性、突发性状况为例，围绕学生考试成绩不理想时、出现情绪问题时、亲子关系紧张时三个方面给新岗教师做了指引，促使家长深度学习。这里建议以自己亲身经历的事件为案例，讲述通过自己与家长的努力，促使孩子变积极向上的故事，使文章更引人入胜。

如何指导家长进行成长决策？

深圳市蛇口育才教育集团育才中学　张自明

一、问题情境

每个人的成长路上都伴随着一个又一个决策，每个决策都是我们根据当下的信息和个人的判断做出的，对人生道路会产生一定影响。作为班主任，常常遇到家长咨询有关学生成长决策方面的问题。

选科前，小阳家长打来电话："老师，孩子最听您的话了，您劝劝他，一定要选物理，以后好找工作。"小莉妈妈发来信息："选科的事情我们也不懂，就麻烦您给把把关啦。"

选科后，小阳愁眉紧锁："老师，我是真的搞不定这几科，我想转班。"小莉惊呼不止："我的这个组合不能报考我想要的大学专业啊！"

二、问题聚焦

遇到家长咨询学生成长决策类问题，新岗班主任要避免这样一些问题：

（1）对自身定位不明，或缺少自信，从而不能提供专业指导，有损班主任权威；介入过深越俎代庖，留下后期隐患；站位不当，陷入家庭纠纷。

（2）缺少系统思考，过于追求具体问题的最优方案探讨。

（3）将决策的生成当问题的最终解决，缺少跟进措施。

三、为你支招

（一）尽量客观全面，厘清决策目的

在学生成长的过程中，很多问题的决策会在家庭内部完成，什么情况下

家长会希望班主任介入呢？一般存在以下几种情况：家庭成员缺少决策需要的信息，希望班主任提供；家庭成员内部意见不统一，希望班主任进行调解；家庭成员对自己做出的选择缺少信心，希望班主任进行确认。班主任在参与讨论后，应尽快了解、分析求助家庭面对的具体情况，然后进行跟进。

在充分了解情况后，班主任可以与家庭成员进行进一步沟通。在这个过程中，要避免掺杂个人好恶、主观判断，尽量多提供方法而不是直接给出决策的具体答案。面对缺少决策信息和寻求决策认同的家长，班主任可以依托岗位资源，帮助家长了解相关政策、最新动态，可以寻求老教师、校友等的帮助，介绍过往相关情况的决策经验；面对内部意见不一致的情况，班主任切忌先入为主地支持一方，应梳理各方面的主张并探究背后的真正诉求，促进沟通，达成共识。

（二）明确决策主体，做好决策分工

青少年时期，学生们的自我意识不断增强，希望能够在关乎自身成长的问题上有更多的独立性，但又没有能力承担决策错误的后果。面对这种情况，家长们希望用自己更丰富的人生经验帮助孩子做出选择。当亲子沟通不畅时，家庭或者无法做出决策，或者无法落实决策。作为班主任，我们该怎样弥合裂痕，帮助孩子继续健康发展呢？

首先，与家庭成员一起明确谁有最终的决策权。选科、择校、专业方向等，看似是一个人的选择，实际上是一个家庭的选择。所以如果将决策权交给孩子，需要有三个前提条件：有理性思考、有充分信息、有科学方法。如果孩子尚不具备这样的条件，则家长应当在考虑孩子意愿的同时，承担起决策的责任。

其次，与家庭成员共同梳理现阶段有哪些可选方案。好的决策，应当先做加法，再做减法——做加法，看到尽量多的可能性，方案讨论越充分，留下的遗憾就越少；做减法，综合主观愿望和客观条件，排除不能接受的结果和无法达成的方案。

最后，分工协同，制订合理方案。完成前两步之后，学校、家长与学生

应该已经就如何决策有了初步的共识，还需要进一步分头搜集信息，做足功课，生成方案。这里应当注意的是，只有科学的分析，没有完美的决策。越是重大的选择，越应该做好预案，争取最好结果，也做好最坏打算。

（三）制订系统规划，跟进决策实施

作为班主任，我们会和学生一起度过较长的成长时光。在这个时间段内，学生们的种种决策往往不是孤立存在的。

一方面，学生的成长具有普遍共性，重大决策的时间点往往可以预估。基于这样的情况，新岗班主任可以依照一般规律，较早地提醒家长关注重要节点，更加主动地参与到学生的成长决策中去，更好地扮演青少年成长路上的引路人角色。

另一方面，成长道路上的选择固然重要，但选择之后的落实更为重要。作为班主任，我们可以和家长一起做好决策执行过程中的保障者，让孩子不断向着目标迈进。

四、暖心资源包

在指导学生决策的过程中，我们可以应用霍兰德兴趣测试、MBTI 性格测试等经典手段帮助学生进行更深入的自我认知。

此外，在决策过程中，学生常常需要对自身的需求进行进一步的梳理和挖掘，并对不同选项进行取舍。这时，我们可以用到决策平衡单这一工具，对目标进行比较。

列举一些学生在决策时的考虑因素（8—10 项）：

_____ _____ _____ _____ _____

_____ _____ _____ _____ _____

如果有 N 项考虑因素，则将最重要因素权重记为 N 分，最不重要的为 1 分，各项因素尽量不同分，依次填入"考虑因素"栏。

为两个选项的各项因素打分，越有利分值越高，取值范围 1—10 分。

选项		选项 A		选项 B	
考虑因素	权重	分数	加权分	分数	加权分
总计					

计算加权总分。

注：在完成本表的过程中学生可以更改各项数据，也可以提前做出选择，而不完成本表。本表为探索最优决策工具，不一定以分数高的项目为最终选择。

五、延伸点评

本文以新高考背景下的选科分班决策为案例，通过"问题情境"展示新岗班主任可能面对的问题，通过"问题聚焦"分析了新岗班主任应当规避的问题。进而用生涯领域系统的指导原则与具体方法为新岗班主任提供了解决方案，有非常强的指导价值。

新岗班主任们应以本文案例为切入点，着手梳理本学段的关键成长节点，引导家长与学生提前关注、早做准备，在自我内部探究、社会外部探究、成长路径探究三个方面做到心中有数、手中有法，用明确的目标、充分的信息来应对一次次的生涯决策。

本文所讨论的生涯决策，建立在家庭内部能够顺畅沟通、学生本人有正确目标的基础上，当这些条件并不具备时，适当的家庭教育指导或心理干预也是可以考虑的介入手段。

专 业 成 长

苏霍姆林斯基说："平庸的教师只是叙述；好的教师讲解；优异的教师示范；伟大的教师启发。"作为教师，专业化成长既是对自己负责任，也是对学生负责任，更是对国家、民族负责。

如何提升成果转化力？

南山实验教育集团麒麟二中　徐丽微

一、问题情境

许多新岗班主任都有这样的困惑：带班事情太多，从早到晚行色匆匆，很难有深入的思考，而且真正静下来回看，似乎都是"鸡零狗碎"的琐事，很难形成系统的经验，也似乎看不到班主任工作的专业性和自己的成长。

二、问题聚焦

想更好地实现专业成长，必须要有成果意识。新手班主任在总结梳理育人成果时，往往会有如下困惑：

（1）我还在探索期，哪里会有什么成果？

（2）我想从现在树立成果意识，可以从哪几个方面入手？

（3）成果呈现方式很多，哪些方式最适合现阶段的我？

如何从新手班主任快速成长为有成就感的班主任？我来为您支招。

三、为你支招

（一）分类整理日常教学、班级资料

班主任如果想从日常纷繁复杂的工作中抽离出来，科学的分类和收纳思维是至关重要的。

1.学习资料整理

可以把个人资料分类整理成六个大文件夹，分别为：教育教学、德育工作、课题论文、讲座培训、行政事务以及个人资料。（六大文件收纳示范以PDF格式放入暖心资源包。）

2.班务资料整理

班务资料可以是往届已有资料的升级版，也可以是"拿来主义"的现成经验。总体来讲，班务资料可以分为班级计划、学期总结、班级公约、管理表格、班级日志等。

管理表格可以从学生个体和集体两个方面来划分。学生个人类：学生个人入学简历、年度大事盘点表、评奖评优申报表等。集体活动类：班委分工表、值日表、座位表、班级罚单、午休公约等。

关于班级公约，每一年班级都会根据自身需求，与时俱进地优化班级公约，在初一入学时，会全班探讨《克拉克的55条班规》，找到最适合的能共同遵守的班级公约。

3.学生档案整理

班主任将各科有关学生表现的作品收集起来，通过合理的分析，了解学生在学习与发展过程中的优势与不足，反映出学生的努力与进步，从而激励学生取得更大进步。传统的纸质成长记录袋大致可以从学业成绩、体育运动、爱好特长、代表作品、读过的书和参加的活动这几个方面来分类记录。

升级版的成长记录袋，可将学生的表现分为成人（德育品行）、成才（学业表现）、成美（美育发展）三个方面，并在学生成长银行系统中对学生进行评价，而且各科老师都可以参与其中，践行点滴记录、长期记录以及全员育人的理念，完成从结果性评价到过程性评价的转变。从学生端，他们将看到一棵成长树，形象地展现学生的成长情况。如图：

（二）勤于记录日常教育教学故事

成为一名专业的班主任，就意味着把教育作为"志业"，不断记录日常教育教学故事并学会反思。

1.记什么

班主任可以把自己作为研究对象，研究、反省自己的教育实践、教育观念、教育行为以及教育效果。案例无论是成功的、失败的还是困惑的；无论是关于学生故事、班级建设还是同伴做法，都可以是反思和记录的对象。记录后要有反思，可以从观念反思、角色反思、沟通反思三方面来实现。

2.如何记

要善用碎片化时间进行记录，并且可以借助现代的信息手段使记录更加高效有条理。关于好用的收集工具和APP，这里简单介绍几种，相信总有一款适合你：

（1）思维导图——让思维可视化，让思路清晰化，快速掌握关键信息。

（2）有道云笔记——讲座听课的神器，图文并茂，便于查找。

（3）扫描全能王——把纸质书变成电子活页或者Word，便于归类。

（4）腾讯微云——随时随地存储文档照片。

（5）讯飞语音——文字和语音互相转换，便于记录。

3. 谁来记

班主任专业化决不意味着班级事务由班主任一人承包，也不意味着班主任在班级教育教学中单打独斗，而是要组织协调好班级的各种教育力量，形成教育合力。班级的教育力量包括学生力量、家长力量、教师集体力量和社区教育力量等。

（1）学生参与班级日志书写——班级故事的素材成果。

撰写班级日志，记录每天的大事件。上课内容、老师趣谈、同学囧事以及感悟，甚至是各抒己见的辩论等都可以让班级活动生动起来，从而成为班级故事的素材。

（2）家长推动班级公众号建设——班级风采的展示成果。

班级公众号不仅能够帮助班级建立点滴记录，刻录共同记忆，还能帮助班级提高凝聚力，提高家长对班级的认同感。班级微信公众号还可以为师生搭建新的舞台，展示才艺、厨艺等，既宣传了班级也为班主任工作留下了痕迹。

（三）把握机遇积极展示自我风采

新岗班主任可以在以下几个方面展现个人素养，提升个人教育教学成果的转化力。

1. 日常反思

教学竞赛课的设计及教学反思的撰写都要认真对待，并且可以和同伴交流听课心得，甚至可以同课异构之后写二次反思。南山区每年都会组织各种类别的线上线下培训，认真记录并提交高质量作业和反思，也是成果意识的体现。

2. 征文机遇

把握各类征文的机会。初次投稿，可以尝试《南山教育》或者《班主任》的《我该怎么办》板块。《教育科学研究》《中小学德育》《德育报》等也都是权威的学术交流平台。还可以留意报纸杂志的征文，尝试投稿。

3. 分享备赛

虽然是新岗班主任，但在实践中摸索积累的经验和好的做法，学校也会适时给予展示和分享的机会，并推出新岗班主任的代表，从而获得更多发展契机。无论是分享经验、公开课、接待课，还是任何级别的比赛，一定要全力以赴，精心备赛。

四、暖心资源包

1. 专题讲座资源

（1）亲子沟通:《家长如何走进青春期孩子的内心世界？》https：//mp.weixin.qq.com/s/uAObcWNDXjbK3iV_EUZafw

（2）班级发展规划:《心中有丘壑　眼中有山河》https：//mp.weixin.qq.com/s/T6XB8anr5j-AwnP35nBsLA

2. 班级成果资源

（1）一场直击心灵的亲子家长会　https：//mp.weixin.qq.com/s/im1r2hrA4Moh4WJOvRPZmA

（2）送给妈妈的面包和玫瑰　https：//mp.weixin.qq.com/s/RWZiA0NT5KvDjjHqxIvLDA

（3）亲子跑团　https：//mp.weixin.qq.com/s/YB4R_icAVOylmaLee01dkg

如何提升沟通协作力？

深圳市南山区第二实验学校　王怀玉

一、问题情境

沟通协作力时刻出现在我们生活的每个场景里。沟通力，是最能让生活、工作发生质量提升的方法。然而对于新岗班主任而言，日常工作中难免遇到一些沟通"卡点"：

苦口婆心找学生谈心却依然很难走进学生内心；掏心掏肺与家长沟通或许因为学生某一句单向信息而迎来一场"疾风骤雨"；踏踏实实工作好像还是没能踏好单位工作"鼓点"，被"传讯"……入职初期，如何沟通才能赢得更多理解与支持？

二、问题聚焦

新岗班主任，在日常教育教学中面临诸多沟通难题，常常产生以下困惑：

（1）如何尽快融入学校集体，获得认同？

（2）如何密切家校、师生关系，化解危机？

（3）如何协调与科任教师之间的关系，做到团结协作？

针对以上难题，作为一名新手班主任，提升自身的沟通协作能力是关键，来看为你支招。

三、为你支招

（一）学会融入，增进了解

学校是一个集体，每个人工作中离不开与同事的沟通与协作。真诚互动、虚心请教、主动担当，是初任班主任赢得同事信任与支持的关键。

1.融入集体，积极参与

学校工作千头万绪，除了分内工作任务，还有很多"分外"或突击性工作，比如学校各种大型活动接待、筹备等服务性事务，学校承担的上级组织的文体竞赛，或社区公益的各种非常态活动，学校工会、所在办公室日常事务性工作等，参与过程中，会与更多不同部门和学科的同事、领导打交道，是锻炼自己沟通协作能力的重要经历。

2.融入班级，统筹协调

作为班主任，要善于主动与班级科任教师沟通和协调，在班级树立科任教师威信。比如通过家长会向家长隆重介绍科任教师，协调家校关系，主动督促学生完成学科作业；指导班干部协助科任教师管理学生；班级特色活动邀请科任教师参与，并尽量呈现其他学科或教师亮点等，以此增强科任老师的班级认同感，增强彼此之间协同意识。

3.融入日常，热情温暖

一个人沟通能力的提升还体现在各种非正式场合下的主动交流。日常在校园任何一个角落遇见同事和领导热情打招呼；同事和领导需要帮助的时候主动伸出援手；课间多进班级和学生谈谈心；多种方式与家长保持日常互动，积极角度表达对孩子的关注与关切。

（二）学会表达，有效沟通

对于新岗班主任而言，要注意不同情境下的沟通表达方式，提升自己的沟通能力。

1.主动沟通，传递信息

积极的家校关系有赖于班主任的主动沟通，可以通过班级微信群、QQ群等公共交流平台。除了发布通知以外，辅以对班级风采、学生在某方面的创意、学校运动会、艺术节或项目组开展的实践活动等方面的图文总结、反馈，肯定参与者在活动中的付出与收获。对于班级发展规划和学期特色活动计划，班主任多征求家委会、项目组和榜样家长的意见，争取支持，事后及时表达感谢。

2. 被动沟通，理性对待

工作中，班主任的沟通协调能力还体现在对一些特殊问题的处理与应对上。比如学生与学生之间在校外发生冲突，引起家长之间的矛盾，家长因孩子传递的单向信息向班主任质问；因班级个别学生或某项活动安排不周等被领导叫去谈话……这种情形通常没有心理准备，一旦碰上首先要稳定情绪，耐心听，真诚回应，并及时给予反馈，尽快达成共识。

3. 隐性沟通，巧用媒介

如何增进家校之间的了解？还可以采用"文案沟通法"，即给家长写一封信或者通过班级公众号推文、家校联系手册留言、微信群里图文总结等，及时反馈，增进了解。还可以采取"活动沟通法"，即班级组织一些主题活动，邀请家长参与协作或现场观摩，从而让家长更全面了解班级风貌、学生状态、班主任的教育价值观等。

（三）学会共情，增强互信

学会共情，在面对沟通障碍时能化"危"为"机"。

1. 自我共情，平复内心

遇到沟通障碍，尤其是因为某方单向信息导致的"问题冲突"等，往往让年轻班主任措手不及或者茫然无措。我们首先要做到自我接纳、自我共情。不自责也不自怨自艾，及时将当事人引导到"解决问题"而非"简单追责"的正确道路上来，共同探索更好的问题解决方式，形成解决方案，必要时寻求同事、领导帮助，及时止损。

2. 他者共情，传递善意

人与人交往要尽量做到设身处地换位思考。交流中积极倾听，感受对方内心真实的诉求，理解他人的不容易。班主任应弹性执行班规，既讲原则又善解人意，营造接纳、包容的班级氛围。

3. 心态平和，良性竞争

班主任还必须正确看待同事之间、班级之间、学生之间因各类活动或评比带来的竞争。尽管有时竞争无法避免，但可以在竞争中寻求合作互助。同时引导学生端正认识，主动在各类展示活动中与同伴共享资源、技术互助，引导学生重在过程，辩证看待结果。

四、暖心资源包

一线班主任"沟通专题讲座"链接：

1. 王怀玉丨家校合作与沟通之"道" https：//mp.weixin.qq.com/s/JxxVPE
h7nIi6AU3SYOaQzA

2. 钟杰丨沟通，从心开始 http：//blog.sina.com.cn/s/blog_1564afae00102x4
pk.html

如何提升资源整合力？

深圳市南山区松坪学校（小学部） 赵 霞

一、问题情境

中小学德育工作指南强调"三全育人"，即"全程、全员、全方位"，对教师的资源整合能力提出了更高的要求，这对新岗班主任而言，无疑是一个大的挑战。

"看到经验丰富的同事班级特色活动精彩纷呈，有的甚至开发出系列班本课程，我在家委会上倡议，希望家委会成员多提供资源，共同开发特色活动，共建设品牌班级。家委会成员们面露难色，回应者寥寥。怎么办？"

二、问题聚焦

新岗班主任在班级建设中进行教育资源整合时，可能会遇到以下困惑：

（1）日常教学和班级事务已是应接不暇，何来精力去进行资源整合？

（2）学校、家庭、社会资源整合，范围很广，如何寻找切入点？

（3）有哪些方法促进资源有效开发和利用？

作为一名新手班主任，如何提升自己的资源整合力？来看为你支招。

三、为你支招

（一）整合日常管理资源

新手班主任，不缺乏发现资源的能力，缺乏的是对有效资源的整合力。班主任要有资源整合意识，把班级建设和学校的常规活动相结合，实现资源整合；还可以从班级日常管理中寻找整合点，我们可以这样做：

1. 节日庆典活动，促进班级文化建设

把学校节日庆典活动和班级特色活动有机整合，立足节日，凸显特色，整合创新，让常规活动学段个性化和班级特色化。此外，充分调动学生和家长参与的积极性，把班级文化建设和常规节日庆典结合，实现资源整合优化。

2. 时令时事班会，促进学生价值判断

根据班级学生特点开展班会课的微创新活动，如增设新闻五分钟、时令知识学等栏目，还可以开展班会时令时事微素材征集活动，让学生出谋划策、自主参与，在时令时事班中学会思考、学会合作、学会价值判断。

3. 假期生活实践，促进学生责任担当

寒暑假是学生学会自我关照和参加社会实践的最佳机会，也是融合学校教育、家庭教育、社会教育的最佳契机，更是培养学生多元能力的最佳时机。如开展"你好，寒假""你好，暑假"等系列假日实践活动，拓展和丰富学生的假期生活，提升学生的假期生活质量，让学生在假期实践活动中学会责任担当。

（二）整合学科教学资源

将学科教学的育人价值与班级建设融合起来，学科综合融通主要有以下三种模式：

1. 多学科横向勾连

以校本（班本）特色课程为抓手，将多个学科育人点整合，融入班级活动之中。可以结合学生兴趣点和在学习生活中遇到的问题，开展一系列的班本课程设计，比如"时间都去哪儿了""和错别字说再见""生活里的经济学"等系列班本课程，将多学科知识点和育人点有机融合起来。

2. 单学科纵向贯通

以一门学科作为切入点，融合其他学科或班级建设元素，侧重促进学生某方面素养的发展，如以"公民素养"为根本目标，梳理出不同年段的课程目标，通过"学校活动—假期生活—社会实践"等班级活动系列，形成"道法课与班级建设相融合"的综合融通特色教育活动体系。

3. 主学科纵横交织

选择自己所带学科或者所感兴趣的学科作为"主轴"，结合班级活动序列，整合家长资源，创新班级建设策略，促进学生全面发展，比如班级创建"向日葵文学社"，开展语文综合性学习活动，作为资源整合开发的突破口，引导学生编童话写诗歌，召开以童话诗歌创作为主题的班队会，借助音乐、美术的力量让学生更加生动地表达自己的情感。

（三）整合家长资源

通过家校系列活动，唤醒家长角色意识，最大限度地创造多维度交往契机，让家长在活动参与过程中更新教育观念、改进教育行为，与教师携手促进学生全面发展。可以从以下三方面着手：

1. 家委创建中发现

家委会集中了社会各行各业的人员，在家委会的创建过程中，通过问卷调查、家委会竞选等方式去发现资源，根据家长职业特点整合适合本班学生发展的教育资源。比如利用家长资源对学生进行职业启蒙教育的系列活动。

2. 日常交流中开发

通过和家长的日常交流，发现并梳理班级学生存在的普遍问题，有针对性地开发家长互学资源，开展家长读书会、育儿教育经验分享会等，引导家长做观察者和学习者，取长补短，促进班级家校合作整体发展。

3. 特色活动中挖掘

在开发班级特色活动的过程中整合家长团队的力量，让家长变成资源，成为班级特色活动的开发者和招募者，开发出适合本班的一系列的家长进班课程，比如妈妈美食会、爸爸足球队、全家总动员等助力孩子成长的丰富多彩的实践课程，达到自然拓展融合各类家长资源。

如何提升班主任专业学习力？

南山实验前海港湾学校　王　琳

一、问题情境

把握教育规律，才能更好读懂孩子，探索现象背后的成因，从而在实践中生发出更有实效性的具体做法。新岗班主任缺乏理论储备，往往容易经验主义行事。因此，提升班主任专业学习力尤为重要。

"参加讲座培训或进行专题阅读时确实感觉干货满满，但为什么我总是学习时激动，想起来心动，一回班级却不知道该怎么行动呢？而且我本来就是一名新手，日常带班上课已经忙得不可开交，也无暇再去参加现场学习或者阅读，怎么办呢？"

二、问题聚焦

专业学习力建立在教师已有经验和知识的基础之上，初次当班主任，在进行专业化学习时可能会遇到如下问题：

（1）在培训研修中学习了很多方法策略，回班级却发现照搬无效。

（2）阅读时做了很多笔记，但很快又全忘了。

（3）忽视了日常教学现场的学习，把工作和专业学习"一刀切"。

如何做才能提升我们的专业学习力？接下来就为你支招。

三、为你支招

（一）学会听——专题培训中的学习力提升

每个班级都有自己的学情和班情，期待直接应用所学不现实，也不利于班主任自身的专业成长。参加培训仅仅是获取信息，还需要参训者主动思考、探索和优化，把握教育规律，从而做到学以致用。以专题讲座为例，我们可以这样听：

1.听思维（价值观）

不同发展水平的班主任之间的差别，很大程度体现在思维方式上。我们在听讲座的时候，不能只听策略技巧，更要学会听背后的价值导向，多问"为什么要这样做，这样做是基于什么教育理念，这样的教育理念又是怎么形成的？"理解了成功经验的内在机理，才能真正学一化三，让所学为我所用。

2.听结构

听讲授者是从哪几个角度阐述这个问题的，思考我是如何理解的，有哪些内容和思考向度是我所没意识到的。

3.听做法

新岗教师由于经验有限，往往不知道遇到一类问题时，有哪些途径或方式可以解决。常用的问题解决途径可从社会、学校、班级、家庭、教师、学生几种不同角色的角度出发去做延伸。听讲座中讲授者如何通过不同途径解决一类问题，有助于丰富自己的问题解决策略储备，提高问题解决能力。

以笔者讲授的《班级文化，我们要建设什么》讲座为例，笔者基于学生中心的教育价值观，从精神共同体、学习共同体、生活共同体建设的三个角度切入，阐述如何通过环境布置、推行民主管理制度、组织班本活动等具体途径建设班级文化，达成育人目标。

（二）学会读——专题阅读中的学习力提升

专题阅读能够帮助我们开阔视野，了解更科学的育人理念和方式方法，记录的核心目的是把握规律后更好地应用。以阅读笔记为例，我们可以这样记：

1.记核心观点

拿到一本书，建议先翻阅目录，梳理清楚本书要点，如每个章节主题内容、有哪些观点，用思维导图梳理，便于理解作者的核心观点和思维方式。

2. 记拓展性思路

新岗班主任由于在岗时间较短，在日常工作中能积累的经验有限，难以实现自我超越。多阅读有关优秀班主任的带班之道的专业书籍，记录那些超越自己现有认知的拓展性思路，有助于在日后结合实践形成新的认知。

以班级小组合作为例，常规的做法是老师直接安排。在《从班级到成长共同体》一书中，作者提出的"构建内在生成式新型小组文化"则是我从前没有系统思考过的，是需要重点记录和学习的拓展性思路。

3. 记反思和计划

专业学习力既建立在教师经验和知识的基础之上，又需要通过教师的工作反思来超越平庸的教育教学经验本身的局限。在记录阅读所得的同时，也及时记录下自己的感受，结合书中所学，尝试列举一些新的班级发展计划，读后及时实践，并做延伸性补充记录。在实践中学习吸收，才能更好地把理论落地。

（三）学会看——日常研讨活动中的学习力提升

专业学习并不是只有讲座培训和专题阅读，课堂教学、集体教研和公开课这些日常工作极容易被忽略却蕴含着最丰富的学习资源和机会，能够让我们直观地看到不同育人理念是如何落地的。以日常观课为例，我们可以这样看：

1. 看讲者仪态

透过讲者的言行举止，观察其背后的价值观导向。通过看讲者如何与学生展开沟通、组织课堂，学习怎么把育人理念具体落地。

2. 看学生状态

班级风气及学生言行是班级文化外化的体现，通过看学生的学习状态、生生互动情况、班干部管理系统的运作可以直观感受到不同的育人理念对学生的影响，并观察到其成效如何。

3. 看教室环境

班级环境布置是班级精神文化可视化的体现。通过看教室环境（如班名、班规、文化墙、特色布置等），有助于提高自身带班的空间领导力，学会通过环境布置来传递自己的价值理念。

四、暖心资源包

登录"南山区智慧班主任"平台，浏览学习更多区域优秀班主任的专业资源分享。

网站地址：https：//k12.niusee.cn/s/nszhbzr/home